Johannes Paesler

Wenn ich Oberbürgermeister wär' ...

Impressum

Wellhöfer Verlag
Ulrich Wellhöfer, Weinbergstraße 26, 68259 Mannheim
Tel. 0621/7188167
Email: info@wellhoefer-verlag.de
www.wellhoefer-verlag.de

Texte: Johannes Paesler
Fotos: Thommy Mardo
Gestaltung und Satz: Michael Kleinjans
Konzeptionelle Beratung: Herbert W. Rabl
Redaktionelle Mitarbeit, Lektorat: Sylvie Brackenhofer, Nicole Fieber
Projektleitung: Ulrich Wellhöfer

Der Verlag dankt allen beteiligten Kindern sowie den Mannheimer Kinderhäusern und Schulen für ihr großes Engagement und ihre Begeisterung für das vorliegende Buchprojekt.

Alle Rechte vorbehalten, Mannheim 2006

ISBN-Nr. 3-939540-06-4

Wichtig ist aber nicht nur Geld
sondern das Leben,
das Wissen, einfach alles ist wichtig
nicht nur wichtig, sondern sehr wichtig.

Das Leben ist keine Geschichte
sondern die Wirklichkeit.
Mehr habe ich nicht zu sagen.

Sarah, 11 Jahre

Wenn ich Oberbürgermeister wär' ...

Vorwort

Es ist gerade wie bei des Kaisers neuen Kleidern. Denn dass ein Oberbürgermeister nicht nackt zur Arbeit gehen sollte, ist doch klar, oder? Anders als im Märchen sind sich Kinder mit Erwachsenen hierin einig. Aber das heißt noch nicht, dass es auch selbstverständlich ist; man muss sich darüber Gedanken machen und darüber eine Bestimmung herausgeben.

Das meint jedenfalls Leonie, die es als zweitwichtigste Tätigkeit eines Stadtoberhauptes ansieht, sich morgens anzuziehen. Die wichtigste? Blättern Sie ein paar Seiten weiter und lesen das Interview mit der (fast) 5-Jährigen!

Natürlich unterscheiden Kinder nicht wie Erwachsene vom Kopf her, sondern treffen ihre Wahl aus dem Bauch heraus. Darum sind, wie es nicht anders zu erwarten war, Wünsche in die kindlichen Texte mit eingeflossen, die mit Mannheim als Stadt nicht direkt zu tun haben: „Als Nächstes würde ich alle teuren Sachen billiger machen." Dennoch hat es mit Mannheim zu tun: Kinder erleben unsere Welt von dort her, wo sie leben. Wenn, dann sind manche Sachen für sie nicht in Deutschland teuer, sondern in Mannheim.

Die Bekämpfung von globalen Problemen und die Fantasien nach einem Süßigkeiten-Schlaraffenland sind nur einen Punkt weit voneinander entfernt: „Vor allem würde ich die Süßigkeiten für 10 Cent verkaufen. Ich würde für die armen Menschen der ganzen Welt Essen besorgen." Wer weiß? Vielleicht gibt es hier geheime Zusammenhänge, die sich nur einem Kind erschließen? Genügend Anlass für Erwachsene, sich darüber mal Gedanken zu machen.

In diesem Buch haben es rund 150 Mannheimer Jungbürger vorzüglich verstanden, globales Denken mit der Forderung nach lokalem Handeln zu verbinden. Wenn es um Fußball geht, spürt man (nicht nur in den

Wenn ich Oberbürgermeister wär' ...

Einsendungen von Jungen) gelegentlich den Einfluss der gerade zu Ende gegangenen Weltmeisterschaft, und daneben fällt für Mannheim auch mal ein Vergleich mit New York ab.

Sollten Sie dieses Buch (unter anderem) als Lektüre zum Morgenkaffee verwenden, dann passen Sie auf, dass Sie vor lauter Vergnügen nicht das Anziehen vergessen und nackt zur Arbeit gehen...

Havva

Willkommen zum Paradies

Wenn ich Oberbürgermeister wär', würde ich dafür sorgen, dass es mehr Grünflächen gibt, aber Tiere dürfen auf gewissen Grünflächen nicht ihr Geschäft erledigen. Die Tiere bekommen eine eigene Fläche für sich selbst. Sozusagen bekommen die Tiere einen Tierpark.

Wenn es mehr Grünflächen gäbe, könnten die Leute mehr raus und picknicken. Mannheim würde auch schöner aussehen. Für die gewissen Grünflächen würde ich Wächter einstellen, damit sie die Leute ermahnen, dass sie keinen Dreck hinterlassen und nichts kaputt machen. Diese Grünflächen sollten wie Wiesen sein. Auf den Grünflächen, also auf den Wiesen, sollten Spielplätze mit Schaukel, Rutsche, Sandkasten, Karussell und Klettergerüst sein. Es sollten auch Blumen, Bäume, Mülleimer, Toiletten in einem Haus und extra ein Wasserhahn sein, damit man sich nass spritzen kann. Und es sollten auch natürlich Sitzbänke und Tische sein, dass man da essen kann.

Ein Kiosk wäre nicht schlecht, falls manche Leute sich Eis oder was anderes holen möchten. Es könnte auch ein Teich da sein, in dem Fische schwimmen. Die Leute könnten sie dann füttern. Der Eingang, also die Tür, sollte groß, aus Metall sein und darauf sollte „Herzlich Willkommen zum Paradies" stehen.

Havva, 12 Jahre

Ein Märchen

„Oberbürgermeisterin wäre ein toller Beruf"

Ein Märchen von einer Stadt - Kinder träumen

Märchenhaft viele Kinder finden ihre eigene Stadt sehr schön und leben gerne in ihr. Afsana, 9 Jahre alt: „Mannheim ist die schönste Stadt auf der Welt." Der Gedanke, als Stadtoberhaupt mal das Sagen zu haben, scheint den Kindern zu gefallen. Laura (9): „Oberbürgermeisterin wäre ein toller Beruf." Erstaunlich viele träumen davon, was man alles anders machen könnte. Und zu ändern scheint es eine Menge zu geben, es hagelte nur so Vorschläge in den 15 Beiträgen aus einer Schulklasse in Mannheims Norden.

Dai-Nghia (10) fasst zusammen: „Die Kinder sollen auch mal ein bisschen mehr Freiheit haben." Merve Ö. (10): „... dann wäre Mannheim schön." Dass die Kinder als Oberbürgermeister ihrer Stadt sich richtig ins Zeug legen würden, daran lassen sie keinen Zweifel: „Das würde ich für Mannheim alles tun." (Nazat, 9)

Einer der ersten Texte in unserem Buch soll eine kleine Geschichte sein. Wie im Märchen ist die Handlung erfunden, die Ideen und Vorschläge der Kinder sind dagegen dem Leben nachgezeichnet. Alle Kinder werden mit ihrem echten Namen genannt; ihre Aussagen sind den Texten entnommen, die sie in ihrer Schulklasse anfertigten.

Es war einmal vor vielen, vielen Tagen. Fünfzehn Schülerinnen und Schüler aus Mannheims Norden zogen aus, um etwas zu lernen. In einer fremden Stadt. Über ihre eigene Stadt. Wohin sie fuhren, wird nicht verraten, es war eine ganz normale Stadt, ungefähr so groß wie Mannheim, ungefähr ebenso viele Einwohner.

Ein Märchen

Als sie in der fremden Stadt ankamen, schauten sich die Schüler erstaunt um. „Hier sieht es ja fast aus wie zu Hause!" rief einer, „warum sind wir eigentlich hierher gefahren?" - „Denk mal nach", sagte die Lehrerin freundlich. „Wir wollten den Unterschied zwischen Mannheim und dieser Stadt herausfinden." - „Richtig", bemerkte eine Schülerin, „wir sollten uns Gedanken machen darüber, was ein Bürgermeister alles tun muss, um eine Stadt zu regieren." - „Oder was wir tun würden, wenn wir bestimmen könnten", ergänzte eine Kameradin, „wenn wir der Oberbürgermeister wären."

Vom Bahnhof der fremden Stadt aus gingen sie eine große, prachtvolle Allee entlang und begutachteten die verstaubten Spielplätze in den Seitenstraßen. „Wald-Hof" stand über dem Eingang von einem, aber weit und breit war kein Wald zu sehen. **Nazat** schaute sich aufmerksam um und meinte dann: „Wenn ich Oberbürgermeisterin dieser Stadt wäre, würde ich diese Spielplätze hier ganz anders gestalten. Ich würde so viele Bäume pflanzen, dass ein großer Wald mitten in der Stadt entsteht."

„Ja", fiel **Laura** ein, „ein Waldgebiet nur für Kinder, in dem Erwachsene verboten sind!" **Selçuk**: „Na, seien wir mal nicht so, wir mögen es doch auch nicht, wenn die Erwachsenen so streng mit uns sind! Alle Großen, die sich wie Kinder verhalten, dürfen rein in unseren Wald."

Ein Märchen

Handan, die sich eine große Wasserlache nachdenklich angesehen hatte, in der zwei kleine Kinder fröhlich planschten, lachte und warf ein: „Einen kleinen Pool sollte es da geben, wir Kinder spielen doch so gern mit Wasser!" **Merve** Ö., Die bisher nur zugehört hatte, kam jetzt richtig ins Schwärmen: „Einen richtigen Wasserpark würde ich einrichten! Wenn ich zuhause eine Wasserschlacht mache, schimpft meine Mutter immer, weil das ganze Bad unter Wasser steht. In einem Wald würde das nichts ausmachen. Und Spielplätze sind doch dazu da, dass sie Spaß machen, oder?" **Tugce**: „Ja, in Mannheim sind die Spielplätze voll langweilig!"

Als sie um die nächste Ecke bogen, sahen die Kinder an einer Treppe ein paar Jugendliche herumstehen, die Bierdosen in der Hand hielten und rauchten. **Raperin** beugte sich zu **Nadine** hinüber und tuschelte: „Ich würde ein Zigarettenverbot machen!" „Ja", flüsterte die zurück, denn einer der großen Jungs fixierte sie gerade so komisch, „Rauchen verursacht viele Krankheiten, bei manchen muss man ins Krankenhaus!"

„Das ist noch gar nichts", ergänzte **Dai-Nghia** und lachte dem aufdringlich guckenden Jungen frech ins Gesicht: „Rauchen kann tödlich sein und Man kann schlimme Krankheiten davon bekommen!" **Merve** C. nickte heftig: „Rauchen ist unnötig!" **Fatih**: „Zigaretten sollte man nicht an Automaten kaufen können, nur in Geschäften!"

Elias: „Wenn ich bestimmen könnte, würde ich ein Zigarettenverbot für Jugendliche einführen. Alle Zigarettenautomaten sollten abgebracht

Ein Märchen

werden, die sind eh nur Geldverschwendung!" Plötzlich stieß **Sinan** aufgeregt seinen Freund Elias in die Seite und zeigte nach vorne, wo auf einem Platz zwischen den Häusern eben der nächste Spielplatz sichtbar wurde.

„Guck mal! Sogar Erwachsene kommen auf Spielplätze und rauchen neben den Kindern, die dadurch krank werden können! Man sollte alle Zigarettenautomaten außer Gefecht setzen."
Afsana: „Es wäre richtig, wenn man sich Zigaretten nur mit Ausweis kaufen kann!" **Tugce**: „Mit einem Spezialausweis!" **Nazat**: „Aber nicht nur Zigaretten, sondern auch Alkohol, weil man davon betrunken wird!"

Unversehens landete die Kindergruppe vor dem Schaufenster eines Bekleidungsgeschäftes. Ihre Lehrerin ging einfach weiter, aber vor allem die Mädchen wollten sich anschauen, ob es hier Sachen gäbe, die sie zuhause in Mannheim nicht kriegen. Schicke Hosen und Röcke waren da ausgestellt, und die Schülerinnen fingen gleich an, nach den Preisen zu gucken. „Ich würde in der Schule eine Schuluniform einführen!" **Melissa** schluckte ein bisschen, als sie das sagte. „Ich möchte nicht, dass die einen Kinder die anderen wegen ihrer Kleidung ärgern." „Stimmt", meinte **Laura**, „wir sind doch alle gleich! Es sollte nicht einer den anderen hänseln, weil der sich keine teuren Sachen leisten kann." **Merve** C.: „Genau! Es ist doof, wenn einer auf den anderen neidisch ist, nur wegen der Klamotten!" **Merve** Ö.: „Ich hab mal gehört, wie einer zu meiner Freundin gesagt hat: ‚Du hast aber ein hässliches Kleid an!'" **Fatih**: „Ich konnte mich wegen sowas mal eine ganze Schulstunde lang nicht konzen-

Ein Märchen

trieren!" **Selçuk** stöhnte: „O ja, manche geben mit ihren Markenklamotten schrecklich an!"

Tugce dachte nach: „Überhaupt, es gibt ja Leute, die so arm sind, dass sie ihren Kindern nicht dauernd neue Sachen kaufen können."
Raperin: „Für die sollte man ein Armenhaus bauen!" **Merve** Ö. stimmte begeistert zu: „Und eine Kinderkasse einrichten, damit die armen Kinder was zum Essen bekommen!"
Handan wiegte bedächtig den Kopf: „Hm, Essen ist schon wichtig, aber ich finde, dass die Kinder in dem Haus für ärmere Leute auch was zum Spielen finden sollen." **Elias**: „Ohne Kinderarmenhaus würden manche Kinder sterben oder erfrieren!"

Melissa hatte sofort eine Idee, wo das Haus stehen sollte. „Wenn ich was zu sagen hätte, würde ich es im Waldhof oder Luzenberg bauen. Da sollen sich die Kinder vor allem wohlfühlen, weil sie dort nette Menschen treffen und Hilfe bekommen." **Tugce**: „Und finanzieren könnte man das mit Spenden."

Inzwischen war die Gruppe schon über zwei Stunden durch die Stadt gelaufen und ziemlich müde. „Diese breite Straße dort ist der Ring rund um die Innenstadt", sagte die Lehrerin. In der Fußgängerzone gibt es eine Menge Möglichkeiten, um eine Pause zu machen." Und wirklich, als sie nur fünf Minuten in die City hineingelaufen waren, öffnete sich ein kleiner Platz mit mehreren Brunnen. Bäume spendeten Schatten, und verschiedene Mäuerchen und kleine Treppen boten Gelegenheit, sich hinzusetzen und auszuruhen.

„Schaut mal!" **Nadine** hatte ihn als erste entdeckt, aber **Sinan** war schneller gewesen, es

Ein Märchen

auszusprechen. Dreizehn weitere Köpfe drehten sich in die Richtung, in die Sinans Finger zeigte: „Ein Spielzeugladen!" Fünfzehn Augenpaare weiteten sich. Müde oder nicht: Fünfzehn Kinderpopos hielt es nicht auf ihren Sitzplätzen, dreißig Kinderbeine rannten um die Wette. „Der Ladenbesitzer wird morgen den Fensterputzer kommen lassen müssen," meinte die Lehrerin trocken, „nehmt mal eure Nasen von der Schaufensterscheibe!"

Zehn Minuten lang gab es nur ein „Oh!" und „Ah!", einen Austausch von „Guck mal!" und „Nee, der ist schöner!" Dann war **Nadine** als erste imstande, einen normalen Satz zu sagen: „In Mannheim sollte es genügend Spielzeugläden geben!" Alle stimmten ihr zu, die meisten mit dem Einwand: „Spielzeug ist aber viel zu teuer!" Aber dann wurden die Ideen genauer.

Nazat: „Ich hätte einen Spielzeugladen für Kinder und Erwachsene gemacht, die eine gute Tat vollbringen, weil sie dann nicht mehr stehlen würden." **Afsana**: „Ja, dort sollen die Spielzeuge nicht viel kosten. Wer etwas Gutes getan hat, kriegt ein Geschenk." **Merve** C.: „Man könnte es doch so einrichten, dass dort Spielzeuge abgegeben werden können, die man zuviel hat und nicht mehr braucht!" **Dai-Nghia**: „Kinder, die kein Taschengeld haben, können dafür einfach eine gute Tat machen. Sie müssen dann ein Blatt Papier mitnehmen, auf das die Leute ihre Unterschrift schreiben. Dann haben die Kinder sich etwas verdient." **Elias**: „Au ja! Für eine gute Tat sich was zum Spielen aussuchen dürfen! Das wäre eine tolle Belohnung!" **Fatih**: „Ich hätte einen

Ein Märchen

großen Laden gebaut oder eine Fabrik. Das ganze Geld von meinem Laden würde ich an arme Länder spenden."

Nachdem sich die Gemüter einigermaßen beruhigt hatten, gab die Lehrerin eine Runde Eis aus. Mit den Waffeln in der Hand machte sich die Gruppe auf den Heimweg; es wurde Zeit, nach Mannheim zurückzufahren.

Als der Bahnhof schon in Sicht war, meinte **Raperin** plötzlich: „Ich will, dass es in Mannheim einen kleinen Bürgermeister gibt." Gleich begannen mehrere der Jungs sich in Pose zu werfen und so zu tun, als würden sie eine wichtige Rede halten. Sie streckten ihre Bäuche vor, sagten „Bla bla bla" und „Muh muh muh" und machten große Gesten mit den Händen. **Nazat** blickte sie zweifelnd von der Seite an: „Ich würde einen Kinderbürgermeister wählen lassen, weil es auch für Kinder Gesetze geben soll. Und wenn der Bürgermeister eine Rede hält, würde ich das so machen, dass die Kinder sich nicht langweilen müssten." Mit solchen Gesprächen stiegen sie in den Zug und fuhren zurück nach Mannheim.

Und wenn sie noch nicht groß geworden sind, dann träumen sie noch heute von einer Stadt, in der Kinderwünsche ernst genommen werden.

Miriam

Schneller als man darf

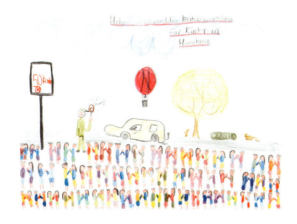

Ich würde im Jahr einen Tag aussuchen, an dem niemand Auto fahren darf, außer die Krankenwagen, die Polizei und die Feuerwehr.

Ich würde mehr Radarkontrollen in Mannheim aufstellen, weil die meisten Autos schneller fahren, als man darf. In meiner Schule in Käfertal würde ich die Toiletten neu machen lassen, weil sie so stinken und nicht mehr schön sind.

In den Schulhof würde ich ein Klettergerüst stellen, dass die Kinder in der Pause was zum Spielen haben. An Mannheim finde ich gut, dass man hier viel erleben kann.

Miriam, 10 Jahre

Nicolas und Jonathan

Nicolas und Jonathan gratulieren sich schon mal zu ihren Erfolgen als Oberbürgermeister.

Nicolas und Jonathan

Wählt uns!

Wenn ich Oberbürgermeister wär',
dann wär' jetzt jeder Millionär.

Jeder hätt' nen tollen Flitzer,
und es gäbe keine Blitzer.

Ein großes Schwimmbad hätte jeder,
und schöne Kleider aus teurem Leder.

Wenn ich meine: hier gäb's Drogen,
dann wäre das total gelogen.

Ins Kino könnt' man kostenlos,
und die Filme wär'n grandios.

Ferien gäb's im Übermaß,
und die Schule macht noch Spaß.

Blöde Lehrer werden suspendiert,
und uns wird herzlich gratuliert!!!

Nicolas und **Jonathan**, beide 12 Jahre

Leonie

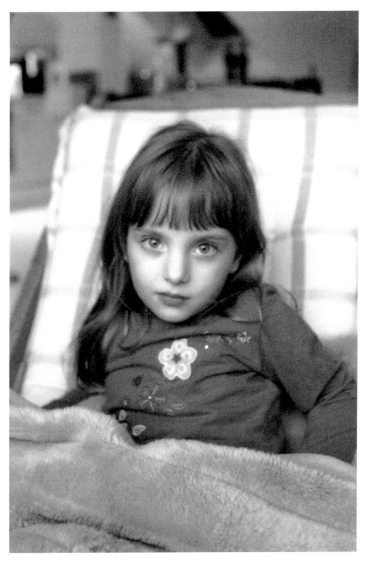

Für Leonie ist die wichtigste Aufgabe eines Oberbürgermeisters, dass er auf die Menschen aufpasst.

Leonie

„Ich würde alles rosa machen"

Leonie ist die Jüngste unserer Teilnehmerinnen. Wir waren bei ihr zu Hause und haben ihr ein paar Fragen gestellt.

Hast Du Mannheims Oberbürgermeister schon einmal gesehen - auf einem Foto, im Fernsehen oder „in echt"?
Nein, den hab ich noch nicht gesehen, aber der hat bestimmt einen Hut, einen Mantel, einen Bart, aber keinen Stock, und der sieht gut aus.

Hast Du schon mal Oberbürgermeister von anderen Städten gesehen?
Ja, den Bürgermeister von Heddesheim, da hat die Mama mit ihm gesprochen und der war sehr nett.

Was machen Oberbürgermeister eigentlich? Ist „Oberbürgermeister" ein Name? Ist das ein Beruf? Arbeiten die?
Bürgermeister ist ein Beruf. Der arbeitet im Rathaus. Der muss spät aufstehen, sich anziehen, Zähne putzen und dann arbeiten gehen.

Was ist die wichtigste Sache, die ein Oberbürgermeister zu tun hat?
Arbeiten, Besprechungen halten, telefonieren. Der passt auf die Menschen auf, dass die Diebe sie nicht klauen, und wenn doch einer geklaut wird, dann ruft er die Polizei.

Was ist die zweitwichtigste?
Er muss sich morgens anziehen, damit er nicht nackt zur Arbeit geht.

Worum muss ein Oberbürgermeister sich überhaupt nicht kümmern? Oder weiß er alles, was in seiner Stadt passiert?
Er muss aufpassen, damit in seiner Stadt alles richtig läuft.

Essen Oberbürgermeister eigentlich andere Sachen als andere Leute?
Nee, Quatsch!

Ob Mannheims Oberbürgermeister ein Lieblingsessen hat?
Nee, der muss alles gerne essen. Aber zum Frühstück isst er bestimmt

Leonie

gerne Kuchen oder Schokomüsli und trinkt Wasser. Zum Mittag isst er dann Erbsen und Hähnchen und Maultäschchen und ein paar Wienerle mit Brot und am Abend isst er noch mal Maultäschchen und Brot oder einen Muffin und trinkt Wasser.

Hättest du auch ein Lieblingsessen, wenn Du Oberbürgermeister wärst?
Mein Lieblingsessen ist Hähnchen mit Pommes und Gemüse.

Und was wäre Deine Lieblingsfarbe, wenn Du über eine ganze Stadt bestimmen könntest?
Rosa, ich würde alles rosa machen - die Häuser, die Straßen, die Gehwege, die Bäume, die Wände, den Balkon, das Bügeleisen, die Gießkanne und die Tiere. Die Fenster würde ich vielleicht oben ein bisschen rosa machen, damit man noch durchgucken kann.

Würdest Du als Oberbürgermeister gerne noch Spiele machen, oder wärst Du dann ganz ernst und würdest nur ans Regieren denken?
Ich würde lieber spielen und ein bisschen arbeiten von 12 bis 16 Uhr. Und dann geh ich nach Hause und spiele wieder. Gesetze würde es nur für meine Mama und ihren Freund geben, und da steht drin: Bügelt für mich, kocht für mich und gießt für mich die Blumen. Für alle anderen gäb es keine Gesetze.

Wenn Du Oberbürgermeister wärst: Welche Spiele sollten die Bürger Deiner Stadt dann am liebsten machen?
Spiele, die mit Pferden zu tun haben - reiten, Pferde streicheln. Ich würde Prinzessin spielen in einem rosa Kleid und auf der Straße tanzen und galopp galopp würde ich spielen bis sich das Pferd auf die Hinterbeine stellt.

Würdest Du Deinen Bürgern auch mal was zu Spielen kaufen?
Nee, nur mir. Das gefällt mir besser. Aber meine Mama würde als Einzige auch was zu spielen bekommen. Aber nur sie. Höchstens dürften sie auch Prinzessin spielen und Lego bauen. Die dürften dann einen schönen Drachen aus Lego bauen, aber der darf nicht böse sein.

Leonie

Ist ein Oberbürgermeister immer fröhlich? Hauptsächlich ernst? Macht Oberbürgermeister sein Spaß? Ist es schwere Arbeit? Oder lässt er andere für sich arbeiten?
Der lacht immer und hat ganz viel Spaß, weil er ja der Chef von der Stadt ist. Da ist er immer ganz lustig, weil er ja immer schön arbeiten gehen darf und die Arbeit ist ja auch leicht. Die Bürger dürfen auch arbeiten. Die dürfen Räder von Autos reparieren und Autos fängt mit „a" an. Ich hätte vier Freundinnen und vier Freunde, die das Gleiche arbeiten wie ich.

Gibt es Sachen, die ein Oberbürgermeister nicht machen darf?
Der darf nicht stehlen, weil sonst die Polizei kommt und ihn ins Gefängnis bringt. Und dann kann er ja nicht mehr arbeiten. Und der darf nicht im Haus rumhupfen wegen unseren Kaninchen. Dafür darf er aber kochen für die Frau und der muss seiner Frau dann auch was übrig lassen. Der darf auch mal krank werden, aber dann muss er gleich zum Arzt und da lässt er sich operieren. Aber er muss warten, bis die Leute, die vor ihm gekommen sind, dran waren.

Darf er lange Haare tragen oder sie sich bunt färben?
Der muss kurze Haare haben, weil alle Jungs kurze Haare haben - das gefällt mir besser. Wenn ich Bürgermeister wäre, dann würde ich mir auch meine Haare abschneiden. Und dann hätte ich auf der einen Seite rote und auf der anderen Seite blonde Haare. Und wenn der einen Bart hat, dann muss er weiß sein.

Würdest Du gern verrückte Sachen machen, wenn Du Oberbürgermeister wärst?
Ich würde beim Fasching als Pippi Langstrumpf tanzen. Ich würde tanzen wie ein Huhn oder eine Katze oder eine Maus und mit den Kleidern in den Brunnen springen und mit den Menschen tanzen.

Darf ein Oberbürgermeister abends spät ins Bett gehen?
Er muss spät ins Bett gehen, damit er noch Fernsehen schauen kann und dann dabei einschlafen kann, so wie meine Mama. Um vier Uhr muss er dann schlafen, weil um acht muss der ja wieder aufstehen, und bis zur Arbeit wird mit den Hasen gekuschelt.

Leonie

Wann steht er morgens auf? Darf er ausschlafen?
Der muss früh aufstehen, damit er doch mit den Hasen kuscheln kann, und damit er arbeiten gehen kann, aber Samstag und Sonntag darf er auch ausschlafen.

Für wen würdest Du als Oberbürgermeister gerne ein Haus bauen? Oder einen Turm? Oder ein Schiff? Oder einen Garten?
Ich würde meiner Mama ein großes rosa Haus kaufen. Mit einer rosa Küche vom Opa, weil der ja Küchen verkauft. Und mit vielen Katzen und Hunden und Hasen.

Würdest Du das für Dich bauen oder für andere? Für Jungen, Mädchen, für alte Leute, für Kinder, für besonders fleißige Mannheimer ...?
Ich baue es für die Mama und da wohne ich ja dann auch drin. Und die Mama bekäme auch ein dickes Stofftierherz und ein Peschot-Auto. Der Opi und die Omi bekämen dann noch ein Segelschiff, damit sie zu mir segeln können, aber die wohnen ja auch nicht weit weg, deshalb könnten sie eigentlich auch laufen. Die Tanten bekämen einen Kuss von mir und alle anderen Bürger dürften sich etwas wünschen.

Wie müsste das Haus aussehen? Was müsste alles drin sein? Was dürfte auf keinen Fall fehlen?
Ganz groß, mit einem großen Garten, wo auch ein riesen Spielplatz für mich dabei ist.

Sieht Dein Kindergarten so aus, wie Du als Oberbürgermeister das Haus bauen würdest? Was ist genau richtig? Was fehlt?
Der Kindergarten sieht ganz anders aus, der ist viel älter und auch nicht rosa. Der dürfte aber so bleiben, wie er ist.

Kann ein Oberbürgermeister in seiner Stadt eigentlich die Straßen breiter machen? Oder enger? Oder Plätze anders mit mehr glatter Fläche fürs Rollerfahren oder mehr Büschen zum Verstecken?
Nein, das ist ja viel zu anstrengend.

Leonie

Was würdest Du als Oberbürgermeister mit Mannheims Flüssen machen? Würdest Du die verbreitern? Schmaler machen, aber mehr davon? Kanäle, Brücken bauen? Schiffe darauf fahren lassen? Vielleicht für jeden Mannheimer ein eigenes Schiff? Oder Inseln für Vögel und andere Tiere?
Das ist doch auch alles viel zu anstrengend. Aber die Flüsse sollten sauber werden, genauso sauber wie der Teich von der Omi und dem Opi. Weil die Omi nimmt immer die ganzen Fische raus und putzt den Teich und macht das Wasser sauber und so soll man das auch mit den Flüssen machen. Und die Fische im Fluss können sich dann selbst im Wasser putzen.

Würdest Du mehr Platz für Autos machen oder mehr Platz für die Menschen, die zu Fuß gehen?
Mehr Platz zum Laufen, weil die Menschen an die frische Luft müssen. Es gibt ja schon genug Straßen, also muss man mehr Spielplätze bauen.

Was würdest Du als Oberbürgermeister mit Mannheims Parks machen?
Im Luisenpark sollen neue Boote sein, die noch viel schöner sind als die, die jetzt da sind. Und das Wasser würde ich richtig grün machen, weil mir das gefällt.

Würdest Du als Oberbürgermeister die Mannheimer loben oder schimpfen?
Ich würde nur lieb sein - der Bürgermeister bei Benjamin Blümchen hat den auch mal beschimpft. Ich weiß gar nicht, warum, und das fand ich voll blöd.

Würdest Du als Oberbürgermeister Deinen Mannheimern gerne einen Brief schreiben, eine Rede halten oder ihnen im Radio oder Fernsehen etwas sagen?
Ich kann doch noch gar nicht schreiben. Und ins Fernsehen komme ich auch erst, wenn ich groß bin - so wie meine Mama, wenn die im Fernsehen ist. Ich lade erst mal alle in den Luisenpark zum Bootfahren ein. Und an meinem Geburtstag lade ich alle ein - auch alle aus Afrika und Amerika und Italien und so, und dann gibt es eine große Party im Park - halt wenn's die Mama erlaubt.

Valeska

Mathe wär' mir lieber

Ein Oberbürgermeister-Krimi

Für Valeska ist das Leben eines Oberbürgermeisters aufregend wie ein Krimi.

Es war ein ganz normaler Montagmorgen. Ich saß in der Schule und langweilte mich zu Tode, als plötzlich mein Handy klingelte. Oh Mann, war das peinlich! Mein Mathelehrer stierte mich mit seinen undurchdringlichen Augen an und sagte: „Diesmal darfst du noch drangehen, aber wenn das noch mal passiert, wirst du dein Handy die nächsten 3 Jahre nicht wieder sehen." Ich wollte schon etwas erwidern, doch ich entschied mich, lieber ans Handy zu gehen.

„Hallo?", meldete ich mich. Es erklang die heisere Stimme meines Vaters: „Hallo, ich bin's. Es ist etwas ganz Schlimmes passiert. Ich hatte einen Unfall mit einer Bananenschale und muss nun für zwei Wochen das Bett hüten. Da deine Mutter im Ausland ist, hätte ich eine Bitte an dich: Du musst mich für diese zwei Wochen vertreten und ... oh je, der Chefarzt kommt. Also, mein Assistent Georg wird dich in alles einweisen. Tschüss!" Ich war völlig baff. Mein Vater war Oberbürgermeister und ich sollte ihn vertreten!

Nach der Schule ging ich schnellen Schrittes zum Rathaus. Als ich das Büro meines Vaters betrat, wurde ich schon von Georg erwartet. „Guten Tag, Miss. Nehmen Sie doch Platz." Die ersten Tage passierte gar nichts. Es kamen wichtige Personen, die mich immer um eine Unterschrift

Valeska

für irgendein Projekt baten. Dann bestimmte ich noch ein paar neue Gesetze:

1. Alle Häuser und Bahnhofsanlagen mussten einheitlich weiß gestrichen werden.
2. Alle Graffiti mussten umgehend entfernt werden.
3. An jeder Hausecke musste mindestens ein Hundeklo stehen.
4. Alle Autos mussten einen Rußpartikelfilter besitzen.

Ich war sehr mit mir zufrieden, bis eines Tages ein völlig in schwarz gekleideter Mann mit schwarzer Sonnenbrille und einer Statur, dass er glatt als Gorilla durchgehen konnte, in meinem Büro stand. „Guten Morgen, Miss", sagte er mit einer tiefen, kräftigen Stimme. „Ich bin vom Geheimdienst. Wir vermuten, dass bald ein Anschlag auf Sie verübt werden könnte, deshalb biete ich Ihnen Ihren persönlichen Schutz in Form eines Bodyguards an. Wie denken Sie darüber? Sind Sie damit einverstanden?" „Nun, in Anbetracht der Gefahr bin ich damit einverstanden. Doch ich denke, dass es ausreichen würde, wenn Sie mich nur während meiner Arbeitszeit beaufsichtigen würden." „Selbstverständlich, Miss", antwortete der Mann.

Also hatte ich nun einen Bodyguard, der sich „Mister X" nannte. Bis ich eines Abends meinen Schirm im Büro vergaß und noch einmal zurücklief. Als ich auf der menschenleeren Hauptstraße in Richtung Rathaus schlenderte, sah ich, wie „Mister X" um eine Ecke bog und schnellen Schrittes in Richtung Hafen ging. Dabei sah er sich alle zwei Schritte nervös um. Nach kurzem Überlegen beschloss ich, ihm leise zu folgen, wobei ich innerlich meine ein paar Nummern zu großen Absatzschuhe verfluchte. Nachdem wir am Hafen angekommen waren, bog „Mister X" in eine Nebenstraße ein und betrat ein altes, verlassenes Haus. Ein Fenster dieses Hauses war kaputt und so kletterte ich auf eine Mülltonne und schaute hinein. An einem runden Tisch saßen ein kleiner Mann mit Zigarette im Mund, ein großer, hagerer Mann und mein Bodyguard.

Valeska

„Und, Boss, wie lange willst du denn noch warten? Entführen wir die Kleine doch einfach und verlangen das Lösegeld", nuschelte der Kleine zu meinem „Bodyguard" gewandt. „Hey, so einfach geht das nun auch wieder nicht, da der tatterige Assistent immer bei ihr ist. Aber keine Sorge, um den kümmere ich mich schon", erwiderte der mit einem hämischen Grinsen. Mir lief ein Schauer über den Rücken und ich machte unwillkürlich einen Schritt zurück und trat ins Leere. Mit einem lauten Krach fiel ich von der Mülltonne und als ich mich wieder aufgerappelt hatte, versperrten mir die drei Männer den Weg.

„Na, wenn das mal nicht unsere Oberbürgermeisterin ist", lachte mein ehemaliger Bodyguard. Langsam wich ich einen Schritt zurück und fiel über die Mülltonne. Dabei löste sich mein rechter Schuh und traf den Kleinen direkt ins Gesicht. Dieser taumelte und fiel auf den Dünnen, der krachend zu Boden ging. Nun war es nur noch einer: mein Bodyguard. Langsam kam er auf mich zu, als plötzlich ein faustdicker Stein direkt auf seinen Kopf fiel und er bewusstlos zu Boden ging. Ängstlich sah ich nach oben und erblickte Georg, der besorgt fragte: „Ist alles in Ordnung?" „Ja, ja, alles in Butter. Aber wie kommen Sie hier her?", fragte ich erstaunt. „Nun, ich wollte Ihnen Ihren Schirm zurückbringen, als ich auf dem Weg zu Ihrem Haus an Ihnen und „Mister X" vorbeifuhr und beschloss, Ihnen unauffällig zu folgen", sagte er, während er die Regenrinne des Hauses herunterkletterte. Dann riefen wir die Polizei an und als die Gauner hinter Schloss und Riegel waren und wir unsere Aussagen gemacht hatten, fuhr mich Georg wieder nach Hause.

Nach drei Tagen kam mein Vater aus dem Krankenhaus. „Und, wie war es?", fragte er mich. „Na ja, Mathe ist mir lieber", sagte ich und ging in mein Zimmer, selbst erstaunt, das ich so etwas gesagt hatte.

Valeska, 12 Jahre

Samira

Die Müllabfuhr muss
nicht jeden Dreck aufheben

Ich würde die Spielplätze größer machen, weil sie so klein sind. Die Rutschen sollen groß und wellig und schnell sein. Die Klettergerüste sollen für kleine Kinder sein und gleichzeitig auch für 10- oder 15-Jährige.

In meiner Stadt sollte es eine rauchfreie Zone geben, denn es sterben viel zu viele auf der Welt wegen Rauchen. Meine Stadt soll sauber sein, wenn jemand Sachen auf den Boden schmeißt, sollte er dafür bezahlen, denn die Müllabfuhr muss nicht jeden Müll aufheben, und die Stadt soll nicht so dreckig sein.

Es müsste viel mehr Bäume geben, auf dem Marktplatz zum Beispiel, denn es werden immer mehr Bäume gefällt.

Alle Bäder sind sehr klein und langweilig, das Herschelbad könnte man innen umbauen und mit einem Klettergerüst an die Decke machen, einen Strudel aus Wasser. Dann wäre meine Stadt die schönste.

Samira, 10 Jahre

Samira findet, dass Mannheim dann am schönsten wäre, wenn das Herschelbad ein Klettergerüst an der Decke hätte und im Becken einen Wasserstrudel.

Kira und Claudia

Frischer Blumenduft

Kira und Claudia

Wenn es ein umweltfreundliches Auto
gäbe, wäre die Luft viel sauberer.
Statt Abgasen würden Blumendüfte aus
dem Auspuff kommen und es würde
immer nach frischen Blumen riechen.
Ich werde das umweltfreundliche
Auto sofort in Produktion setzen.

Kira und **Claudia**, beide 12 Jahre

*Ginge es nach Kira und Claudia, würde Mannheim duften
wie eine Blumenwiese.*

Sabrina und Sophie

Wenn ich Oberbürgermeister wäre

Wenn ich Oberbürgermeister wäre,
dann würd ich für viele, viele Pferde,
und viele, viele Stiere,
und andere viele Tiere
viele Liegestühle machen,
und andere tolle Sachen.
Dann wären alle Leute glücklich
und zufrieden,
das wär ein tolles Leben.

Schule wär verboten,
und Lehrer bekämen Ohren.
Die Hausaufgaben wären tabu,
die Kinder hätten ihre Ruh.
Lachen und Reden wäre Pflicht,
lernen wär es nicht.

Schokolade wär gesund,
Gemüse gibt nur Pfund.
Lebensmittel wären geschenkt,
und jeder nimmt was er fängt.
Die Tische wären immer gedeckt,
und alles wär total perfekt !!!!

Johann Sebastian Bach Gymnasium
Klasse 5d
von Sabrina und Sophie (12 J.)

Sabrina und Sophie

Perfekt!

Wenn ich Oberbürgermeister wäre,
dann würd' ich für viele, viele Pferde,
und viele, viele Stiere,
und andere viele Tiere
viele Wildgehege machen
und andere tolle Sachen.
Dann wären alle Leute glücklich
und zufrieden,
das wär' ein tolles Leben.

Schule wär' verboten,
und Lehrer bekämen Noten.
Die Hausaufgaben wären tabu,
die Kinder hätten ihre Ruh.
Lachen und Reden wären Pflicht,
Lernen wär' es nicht.

Schokolade wär' gesund,
Gemüse gäb' nur Pfund.
Lebensmittel wären geschenkt,
und jeder nimmt, was er fängt.
Die Tische wären immer gedeckt,
und alles wär' total perfekt!!!!

Sabrina und **Sophie**, beide 12 Jahre

David und Konstantin

Ein Pool
von Casablanca bis Istanbul

Ich würde eine lange Mauer um die Stadt errichten lassen und dahinter ein Schlaraffenland aus Kinos und Vergnügungsparks machen. Jeden Tag wäre in der Stadt ein Fest, ob Hochzeit, Geburtstag, Taufe, Konfirmation, Weihnachten, Neujahr oder Ostern. Es gäbe immer kostenloses Essen und Trinken, dafür müssen alle als Clown verkleidet sein, bloß die Hauptperson wird Oberclown sein. Alle hätten Spaß und es gäbe nie Langeweile.

David und Konstantin finden, die Schule müsste viel größer sein.
Als Pool - von Casablanca bis Istanbul.

Die Eltern wären Diener und müssten im Hochsommer in Winterklamotten 'rumlaufen. Der Stadtpool wäre für jedermann zugänglich, die Eltern müssen in Wintersachen in die Sauna gehen. Der Pool ist die neue Schule der Kinder und reicht von Casablanca bis nach Istanbul.

David und Konstantin

Es gäbe keine Steuern und eine Villa für jedes Kind, Eltern aber müssten im Keller wohnen. Alles wäre erlaubt, außer rauchen und töten. Waffenläden wären verboten.

Jedes Wochenende wäre in der Stadt ein Wasserfest mit Wasserschlacht, Wasserrutsche usw. Alle hätten ein Motorrad und wer im Auto fahren würde, müsste Strafe zahlen, die zur Erweiterung der Vergnügungsparks benutzt wird. Im Vergnügungspark gibt es die besten Achterbahnen, Geisterbahnen und Wasserrutschen.

Die Schulen würden abgeschafft, und Bibliotheken gäbe es auf CD.
Es gäbe Donut-Buden an jeder Ecke und Sportplätze ormass.

David und **Konstantin**, beide 12 Jahre

Elke und Annika

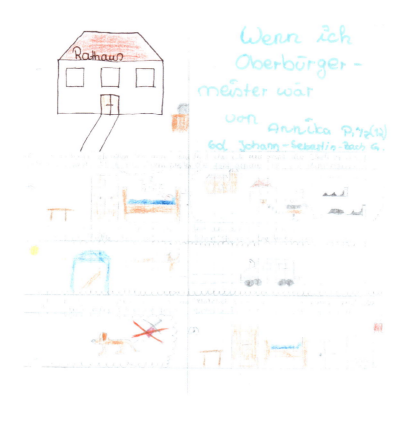

Elke und Annika

Armen Menschen und der Natur helfen

Ich würde in allen Schulen, egal ob Grund-, Haupt-, Realschule oder Gymnasium, das Fach „Rettung der Natur" einführen. Die Kinder würden dann in den Wald oder auf die Wiesen gehen, die Tiere dort beobachten und zusammen überlegen, wie man die Natur retten kann. In der letzten Woche Schule vor den Sommerferien würden die Kinder auf einem Campingplatz im Wald übernachten. Am Abend würden die Kinder am Lagerfeuer Würstchen grillen und Stockbrot backen. Danach gäbe es eine Nachtwanderung durch den Wald.

Ich würde auch viele Autos durch Pferdekutschen ersetzen und mich darum kümmern, dass es weniger Arbeitslose gäbe. Ich würde mich dafür einsetzen, dass Lebensmittel, Spielsachen usw. in weniger Plastik verpackt werden, sondern eher in Papier, oder gar nicht. An Schulen gäbe es keine Gewalt gegen andere Schüler mehr, und die Kinder würden, wenn sie auf Klassenfahrt gehen, in die Berge oder an den Bodensee fahren. Dort würden sie viele Sachen machen. Am Bodensee würden sie Boots- und Fahrradausflüge machen. In den Bergen würden sie zu Almhütten wandern und dort einkehren. Überall könnten sie Tiere beobachten.

Ich würde veranlassen, dass in den Städten mehr Bäume angepflanzt werden, und dass alle Leute ein Dach über dem Kopf haben. Die Hühner würden in Freilandhaltung gehalten werden und Bauernhoftiere würden auf die Weide dürfen. Die Abholzung der Regenwälder und das Harpunieren der Walfische würde gestoppt werden. „Erst wenn der letzte Baum gerodet und der letzte Fisch vergiftet wurde, werdet ihr merken, dass man Geld nicht essen kann", hat mal ein kluger Kopf

Elke und Annika

gesagt, und wenn wir die Natur nicht beschützen, wird es so kommen, also würde ich es stoppen, würde armen Menschen und der Natur helfen wollen. Wenn wir zusammen halten, würden wir es schaffen!

Elke und **Annika**, beide 12 Jahre

Carolin

Hotels für Hunde

Ich werde auf jeden Fall die Schulzeiten verkürzen und die Ferienzeit verlängern. Hausaufgaben? Nix da. Arbeiten? Nein. Unterrichtsfächer wie Musik und Rhythmik werden durch FS (Fernsehen) und CS (Computerspielen) ersetzt. Überhaupt ist Schule freiwillig.

Die Stadt besteht nur aus Klamottenläden, die ihre Ware um 90% reduzieren, und Schmuckgeschäften, in denen man sich für einen Besuch eine Kette aussuchen darf. Statt Straßenbahnen und Autos werden Kutschen und Skateboards benutzt. Natürlich kosten diese nichts und die Skateboards darf man nach einem Gebrauch behalten. Kinos sind kostenlos und wenn man Geburtstag hat, bekommt man eine Jumbopackung Popcorn extra. Steuern und sonstige Kosten existieren nicht, und das Land wird von Kindern regiert.

Für Hunde werden Schönheitssalons eröffnet und neue Strände für sie gemacht. Man darf sie in alle Läden mitnehmen und sie dürfen überall ohne Leine gehen. Streunende Tiere werden nicht in Tierheime gebracht, sondern in ein Hotel, in dem sie gepflegt und verwöhnt werden. Wenn sich der Besitzer nicht nach 3 Wochen meldet, werden die Tiere <u>nur</u> an nette Menschen vermittelt. Wenn man ein Tier aus dem Hotel holt, bekommt man 100 Euro, um den Tieren Zubehör zu kaufen.

Die Kinder in meiner Stadt bekommen alle Taschengeld bis zu 500 € pro Woche. Überhaupt verfügt jede Familie über eine legale Gelddruckermaschine. <u>Alle</u> haben viel Spaß.

Carolin, 12 Jahre

Lorena

Lorena wünscht allen Mannheimern beim Job mehr Geld und mehr Glück und sich vorausschauend ebenfalls.

Lorena

Aber auch für die Erwachsenen ...

Ich würde alles billiger machen, vor allem das Benzin in unserer Stadt. Aber ich würde auch mehr Bäume pflanzen lassen in der Stadt, dann aber auch Autos mit weniger Abgasen. Dass sich alle wohlfühlen.

Für Kinder und Erwachsene sollte es zwei große Schwimmbäder geben mit je zwei Rutschen und Sprungbretter von ein bis zehn Metern. Und einen Freizeitpark mit den besten Attraktionen, die es gibt. Die T-Shirts vom Park müssten umsonst sein! Ich ließe auch einen Abenteuerspielplatz bauen mit Streichelzoo und dem größten Klettergerüst der Welt und auch mit Rutsche und Schaukeln.

Aber auch für die Erwachsenen: Zwei Solariums sollten sie kriegen und drei Discos, vor allem auch beim Job mehr Geld und viel Glück haben, bitte auch bei meinem Job. Ich will unsere Stadt einfach verbessern z.B. mit besseren Ärzten. Das Ergebnis ist hoffentlich eine schöne Stadt!

Lorena, 11 Jahre

Annika

Jedem sein Leben

Wenn ich Oberbürgermeister wär',
wär' das Leben halb so schwer.
Ich würde Luftverschmutzung vermeiden,
Dann müssten weniger Menschen an Krankheiten leiden.

Rauchen wäre überhaupt nicht erlaubt!
Auch würden noch mehr Arztpraxen gebaut.
Mit 'ner Wartezeit von Stunden
Wird ja echt nur Zeit geschunden!

Schule wäre gar nicht da,
Keine zehntausend Arbeiten pro Jahr.
Die Arbeitsstunden werden gekürzt und das Gehalt erhöht
Dann gibt's keine Streiks mehr, die sind ja voll blöd.

In der Zeitung stehen nur noch interessante Nachrichten
Über Streiks kann man dann ja nicht mehr berichten ...!
Außerdem würde ich alles tun für Gott und die Welt,
Wir leben ja alle in einem Zelt.

*Annika möchte den Menschen
das Leben gerne erleichtern.*

Annika

Kirchen werden gebaut und zwar im alten Stil.
Die ganz neuen wirken total steril!
Jedem wird einfach sein Leben überlassen,
Dafür könnte mich dann auch keiner hassen.
Neue Reform, ja, dazu bin ich immer bereit.
Aber die mit der Rechtschreibung geht eindeutig zu weit!

Annika, 12 Jahre

Die Welt würde den Kindern gehören

Bei Kindern, die in die zweite Klasse gehen, reicht der Horizont kaum über den Rand des Spielplatzes. Denkt mancher Erwachsene. Und liegt damit nicht im Trend der kindlichen Meinung. Die schwimmt zwar natürlich oft auf der Welle von Spielzeug und Computer, und dass alle Dinge „umsonst, ohne Geld" zu haben sein müssten, davon haben wir als Kinder selbst geträumt.

Diese Kinder hier haben aber auch anderes im Blick. Warmes Essen zum Beispiel oder die, die es entbehren: arme Menschen. Oder Erdbebenländer.

Ich würde alle Zigarettenautomaten abreißen, weil sonst, wenn einer raucht, und neben ihm ein Mann oder eine Frau ist, dann stecken sie sich an und können sogar sterben.

Rosario

Armen Menschen würde ich helfen, ich würde spenden auf der ganzen Welt. In meiner Stadt hätte ich mehr Klettergerüste gebaut zum Spielen.

Mate

Die Welt den Kindern

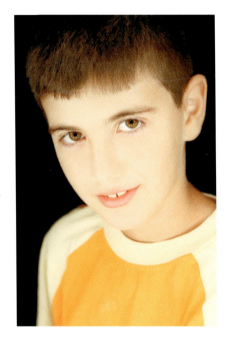

Bei mir wären alle Kinder froh, weil ich alles für Kinder umsonst gemacht hätte, ohne Geld. Und in jeden Schulhof würde ich eine Messe bauen mit vielen Buden.

Aykut

Dann würde ich obdachlosen Kindern helfen, ihnen ein warmes Bett und warmes Essen geben. Dann würde ich den armen Familien helfen. Dann würde ich den Erdbebenländern helfen.

Meryem

Die Welt den Kindern

*Ich würde den Kindern Geld geben oder würde der ganzen Welt Geld geben. Was die Kinder sich wünschen, das würden sie bekommen.
Wenn ein Kind sich ein Spielzeug wünscht, dann gebe ich ihm eins. Oder wenn ich Geld habe, dann kann ich einen Kinderspielplatz bauen, einen ganz großen Spielplatz, und alle Kinder können spielen.*

Hakan

*Die Welt würde den Kindern gehören. Überall gäbe es Spielplätze. Alles würde kein Geld kosten, Kindergarten und Schwimmbad.
Die Eltern dürften nicht böse zu den Kindern sein. Die Kinder müssten nicht in die Schule.
Ich dürfte immer am Computer und auf der Playstation spielen.*

Florian

Maria

So viele Möglichkeiten

Was mir am Mannheim nicht gefällt: Dass meistens der Müll immer auf der Straße liegt, und dass die Jugendlichen abends immer laut sind, und dass die Ampel bisschen schneller gehen würden für die Fußgänger. Und was mich noch stört ist, dass die Ärzte immer in den Ferien geschlossen haben, und dass die Schulen und Horte wie auch Kindergarten wenig Geld haben.

Was ich an Mannheim anders machen würde.
- Ich würde mehr Parks und Spielplätze für die Familien bauen.
- und das: Euro würde ich in DM verändern.
- Dass man für die armen Kinder mehr Sachen spendet.
- Und wenn die Familie ein paar Probleme hat helfe ich ihnen.

Was mir an Mannheim gefällt: dass es Luisenpark, Herzogenriedpark, Landesmuseum, Reißmuseum gibt. Ich finde gut, dass man hier in Mannheim so viel Möglichkeit hat etwas zu tun z. Bsp.: bummeln gehen, schwimmen gehen, tanzen gehen, spielen gehen, sich mit Freunden treffen. In Mannheim haben wir ein paar schöne Plätze z. Bsp.: Wasserturm und Strandbad oder Rheinauersee. Ich zum Beispiel gehe gerne schwimmen. In Mannheim gibt es zu wenig Bäume also würde ich überlegen, ob wir nicht neue Bäume einpflanzen, aber wenn jemand uns helfen möchte dann kriegt er, oder sie ein Lohn. Ich finde, dass die Hunde und ihre Heerchen sehr Wilkommen sind. Und so hätte ich des gemacht wenn ich Oberbürgermeisterin wäre.

Maria, 13 Jahre

Ebru

Ein Buch im Buch

Was ist das, was soll das, und wie sieht das aus: ein Buch im Buch? Ebru hat sich etwas ganz Besonderes ausgedacht. Es gibt keine Möglichkeit und Form, das in diesem Buch abzudrucken. Als bloßes Foto wäre die Wirkung nicht 'rübergekommen, die es als Original wortwörtlich entfaltet. Und das Ding nachzudrucken und in dieses Buch einzuheften, wäre technisch zu aufwendig gewesen.

Es handelt sich um ein eigenes kleines „Buch".

Kinder tun das öfters, wenn sie etwas malen oder schreiben, das nicht auf einer Seite unterzubringen ist. Sie heften dann die Blätter mit einem Bürohefter zusammen oder nehmen Kleber. Da lassen sich dann die Seiten aber oft nicht richtig aufschlagen. Darum faltete Ebru ein Blatt in der Größe DIN A 3 so raffiniert, dass ein Papierkonstrukt in Oktavgröße herauskam, das man wie ein Buch durchblättern kann. Gehen wir Ebrus Buch nun Seite für Seite durch.

Auf **Seite 1**, der Titelseite also, findet sich die Buntstiftzeichnung einer Schildkröte, die aufrecht auf den Hinterbeinen steht und einen vornehmen Hut trägt. Sie ist natürlich ein *Bürgameister Törtel*, das sieht ja jeder. Kinogänger erinnern sich dabei sofort an die Turtle-Filme, um 1990 für Jugendliche ab zwölf produziert, in denen menschengroße Schildkröten in New York als Ninjas für das Gute kämpften. Irgendwie müssen da Information über Filme, die vor rund sechzehn Jahren in den Kinos waren, an eine Neunjährige geraten sein.

Wo immer auch die entscheidende Verbindung zwischen New Yorker Untergrundkämpfern und dem Mannheimer Oberbürgermeister zu fin-

Ebru

den sein mag, auf jeden Fall ist Ebrus Figur *Selpsterfunden* - ist unterstrichen geschrieben, bitte auch so lesen!

Auf **Seite 2** liest man dann die wichtigsten Gedanken zum Thema: *Wenn ich ober bürgermeister werhe. häte ich viele regeln und paragrapen.*

> *1 regel niemand darf zu sachen gezwungen werden die er nicht will.*
> *2 regel nicht immer das gleiche essen.*
> *3. für die Weisen kinder für sie suchen wir Eltern.*
> *4. die alten leute müssen keine steuern bezalen*
> *5 die armen leute kriegen auch gute arbeiten auch wenn ihr durchnitt schlecht ist.*
> *6 regel die armen kriegen das essen um sonzt bis sie genug Geld haben und noch viele andere regeln*

Seite 3 enthält *Die helfte der stad die ich haben will.* Die angefügte Skizze ließ sich technisch reproduzieren und ist hier zu sehen:

Ebru

Auf **Seite 4** hat Ebru sorgfältig ihren Namen und ihr Alter vermerkt. Anschließend der Satz: *ich hasse denn Krieg und ich mag es wenn ich refaradte halte*. Wie man sehen kann, genießt die Drittklässlerin es genauso, ein Buch zu schreiben.

Auf der unteren Hälfte der Seite, von einem durchgehenden Strich abgetrennt, trägt ein perspektivisch gezeichneter Kubus die Aufschrift *nicht öfnen* und zeigt das achteckige rote, aus dem Straßenverkehr bekannte Schild mit dem Befehl *Stop*. Vielleicht versteckt Ebrus Oberbürgermeister ja hier seine Ninjas, und die Mannheimer Bösewichter sollen davon noch nichts wissen.

Seite 5 zeigt formatfüllend eine stilisierte Blüte mit Schmetterling; auf **Seite 6**, der Rückseite des Buches, verabschiedet uns die Autorin mit einem freundlichen *Auf Wiedersen*. Danke und tschüss, liebe Ebru, dich mit deinen tollen Ideen sehen wir gerne einmal wieder.

Ebru, 9 Jahre

Wenn ich ober bürgermeister wehr

BürgameisterTörtel

Selp tu finden

Stina

Ein schöner Zug

Ich hätte mehr Wiesen angelegt, weil es dann mehr Platz gibt zum Spielen. Zum Beispiel für Federball und Frisbee. Es sollte auch mehr Tischtennisplatten auf Wiesen geben. Mehr Bäume sollte es geben und mehr Seen. Stühle zum Ausruhen würden da stehen, und auch Enten im Wasser schwimmen. Ein Schild mit der Aufschrift „Keinen Dreck in den See werfen!" sollte man ans Wasser stellen.

Ich hätte weniger Zigarettenautomaten gemacht, weil Rauchen tödlich sein kann. Die meisten Menschen, die rauchen, schmeißen die Zigaretten einfach auf den Boden. Darum sollte neben jedem Zigarettenautomaten ein Mülleimer stehen.

Mannheim hat so wenig Brunnen; es sollte noch einen am Hauptbahnhof geben. Er sollte groß sein und schön. Es sollte ein Zug auf dem Brunnen zu sehen sein, weil das zum Hauptbahnhof passt. Das Wasser sollte trinkbar sein und man sollte keinen Dreck hinein werfen.

Stina, 10 Jahre

Geheime Kinderkonferenz

Erik (10) würde mehr Hydranten aufstellen lassen.

Geheime Kinderkonferenz

Müll, Zigaretten und Hundesch...

Bei einer großen geheimen Kinderkonferenz auf dem größten Schulhof Mannheims trafen sich Kinder, um ihre Beschwerden über die Verunreinigungen der Stadt zusammenzutragen und zu einem Communiqué zusammenzufassen. Als Kinder verkleidet mischten wir uns unter die Menge und hörten zu, was die jungen Bürger zu dieser Thematik zu sagen haben.

Da die Konferenz nicht öffentlich war, arbeiteten wir unter erschwerten Bedingungen. Es herrschte zum Beispiel ein so großes Gedränge auf diesem Schulhof, dass unser Fotograf keine Chance hatte, immer genau diejenigen Kinder zu fotografieren, die einen Beitrag abgeliefert hatten. Und wer weiß, vielleicht hielten sich einige der Kinder ganz bewusst von der Kamera fern. Wer möchte bei einem so brisanten Thema schon gern wiedererkannt werden ...

Jedoch ist es uns durch gute Kontakte gelungen, Freunde und entfernte Bekannte derer, die sich geäußert haben, zu bildlichen Darstellungen der Beschwerden zu bewegen. Das ist wie bei einer heiklen Gerichtsverhandlung, in der keine Fotografen zugelassen sind: Jemand malt einfach ein Bild der Szene, das dann von der Presse abgedruckt wird. Eine dieser Skizzen hat uns tatsächlich erreicht, sodass wir sie mit unseren inhaltlichen Aufzeichnungen zusammen veröffentlichen können (s. Seite links).

Linda: *Ich würde in Mannheim dafür sorgen, dass nicht so viele Hunde irgendwo hinscheißen.*

Beni: *Ich hätte mehr Mülltonnen eingebaut, weil manche Kinder oder Erwachsene Sachen auf den Boden schmeißen, deswegen hätte ich mehr Mülltonnen einbauen lassen. Die Mülltonnen sollen nicht neben einem Baum sein. Sonst könnte der Baum vergiftet werden. Man sollte den Müll* *auch ausleeren und sauber halten. Und man sollte seine eigene Mülltüte nicht auf den Gehweg legen, sondern im Müll, sonst wird der Gehweg kein Platz haben.*

Salvatore: *Die Fabriken sollten an einem anderen Ort wo nicht viele Menschen leben, denn wenn die Fabriken in Betrieb sind kommt Rauch und das schadet uns auch. Ich hätte auch mehr Mülleimer in der Stadt aufgestellt, weil die Menschen Müll auf den Boden schmeißen, weil sie nicht so viele Mülleimer sehen. Ich hätte alle Kriege verhindert, denn viele Leute werden zu Tode kommen. Und wenn doch einer raucht, muss er oder sie eine Strafe von 10 € zahlen. Ich werde Schilder aufstellen für die, die von außen kommen, wo drauf steht: „In dieser Stadt Nichtraucher". Nicht Tiere unter Naturschutz töten, weil es wenige von diesen Tieren gibt. Kinder unter achtzehn Jahren dürfen keinen Alcohol oder Coffein trinken, weil es den Kindern nicht gut tut.*

Tobias: *Ich würde mehr Arbeitsplätze machen, weil 4-5 Millionen Leute arbeitslos sind. Ich würde mehr Mülleimer aufbauen, weil die Leute alles auf die Wiese oder Straße schmeißen. Ich würde mehr Schulen bauen, weil manche sind einfach dumm.*

Furkan: *Ich hätte die Zigarettenautomaten abgerissen. Weil daran sterben viele Menschen. Ich hätte mehr Hydranten gelegt, weil wenn es brennt, könnte man das Feuer selbst löschen. Man könnte mehr Mülltonnen in den Park legen, weil die Menschen werfen den Müll auf den Boden. Ich hätte mehr Bäume gepflanzt, weil die ganze Erde Luft bekommt. Die Bäume nicht abschneiden lassen, sonst können wir nicht leben. Ich hätte mehr Blumen eingefläntzt, dass die Stadt schöner aussieht.*

Mara: *Ich finde nicht gut, dass die Leute immer Müll auf die Straße werfen, und weil die Hunde immer am Spielplatz machen, und weil bei den Fußballplätzen immer die Tornetze abgerissen werden.*

Andreas: *Genau! Dass Hunde nicht überall hinscheißen können, wo sie wollen.*

Geheime Kinderkonferenz

Erik äußerte sich nur kurz, dafür in seinen Begründungen sehr stringent:

1) Ich würde mehr Hydranten aufstellen lassen.
1) Begründung: Weil, wenn ein Haus brennt und grad kein Wasser in der Nähe ist würde das Haus doch verbrennen oder?
2) Ich würde an jeder Ecke einen Mülleimer hinstellen.
2) Begründung: Denn die meisten Menschen werfen ihren Abfall nicht in den Mülleimer, sondern auf die Straße.

Zum Schluss der Konferenz einigten sich die Kinder darauf, die Äußerungen **Haruns** gäben sehr gut die Meinung aller Kinder wieder, weil er auch auf Alkoholmissbrauch und weitere Missstände Bezug nimmt. An den drastischen Formulierungen, die er wählte, wird der Zorn der Kinder über Schmutz und Rücksichtslosigkeit deutlich:

Ich würde alle Zigarettenautomaten abreißen, weil Zigaretten nicht gesund sind. An der Straßenecke würde ich Polizisten hinstellen und drei Mülltonnen, weil die Bewohner zu viel Müll auf den Boden schmeißen. Die Polizisten sollen Strafen geben wenn jemand Müll auf den Boden schmeißt. Ich würde die Schokoladenfabrik wo anderst hinbauen, weil die Luft manchmal stinkt. Ich würde Schilder hinstellen und ich würde „Nicht rauchen" hinschreiben, weil Zigaretten nicht gesund sind. Ich würde ein Gesetz machen und Alkohol nicht unter 21 Jahre abgeben weil zu viele Jugendliche zu viel Alkohol trinken und manche Autofahrer sind auch betrunken und danach passiert ein Unfall und Menschen sterben.

Unseren Recherchen zufolge sind alle Kinder, die sich geäußert haben, nicht älter als zehn Jahre.

Schlaue Kinder

... damit die Kinder schlau werden

Kinder verbringen einen Großteil ihres Lebens in der Schule. Lieben sie sie? „Nein!" wird jeder spontan und mit Überzeugung anworten, „Kinder finden Schule doof!" Dass dieser Blick auf Minderjährige, die ja keine Un-Mündigen sind (sie haben sehr wohl einen Mund und benutzen ihn auch), deutlich der Differenzierung bedarf, davon legen die für das Buch eingesandten Beiträge Zeugnis ab. Noten werden dabei keine verteilt.

Da wäre zum einen der spielerische Aspekt. Klar, könnte man in der Schule mehr spielen, wäre sie schöner. **Salvatore** (10): *Ich hätte auch auf Schulhöfen Rutschen gebaut, weil es in den meisten Schulhöfen gar keine davon gibt.*

Furkan (10) sieht das ebenso und liefert dazu eine Begründung, die zumindestens nicht unpädagogisch ist. *In den Schulen mehr Spielzeuge also so was wie Rutschen, weil die Kinder wollen, dass sie nicht langweilig wird.*

Harun (10) hat es auch mit dem Spielen, verbindet aber das Angenehme mit dem Nützlichen. *Ich würde im Schulhof 4 Rutschen und 8 Schaukeln bauen. Und ein bisschen weniger Hausaufgaben. Aber mehr Schule weil man dann mehr lernt.*

Für **Muhammet** (10) ist der Sport ein wichtiges Anliegen. *Auch die Sporthalle in unserer Schule würde ich vergrößern lassen.*

Schlaue Kinder

Dass die Leistungen der Mannheimer Schüler gut sind, könnte nach **Andreas'** (10) Darstellung mit der guten Infrastruktur, besonders den guten Bildungseinrichtungen zu tun haben. *Es gefällt mir, dass die Kindergärten so schön sind, dass es so schöne Spielplätze gibt und mir gefällt der Luisenpark und der Herzogenriedpark besonders gut. Der Käfertaler Wald ist ein schönes Naherholungsgebiet. Die Schüler in der Schule lernen auch gut, das finde ich alles sehr gut und wenn alles so wär', wie ich es mir vorstelle, dann fände ich Mannheim noch sehr viel schöner.*

Pinar (10) möchte offenbar in der Schule die Menge der Arbeit anders gewichten. *Ich würde dafür sorgen, dass die Lehrer/innen mehr arbeiten, damit die Kinder schlau werden. Ich würde den Boden in der Stadt verschönern. Mir gefällt der Fußballplatz. Ich würde den Kindern weniger Hausaufgaben geben.*

Linda (9) findet, dass pädagogische Einrichtungen unterstützt werden sollten. *Ich würde dafür sorgen, dass Kinder keine Hausaufgaben aufbekommen. Ich würde mehr Spielplätze bauen, den Kindergärten und Schulen helfen, dass sie sauber bleiben, wie Gymnasien, Realschulen und Hauptschulen.*

Tobias (10) stimmt ihr darin zu. *Ich würde die Schulen jedes 3. Jahr neu renovieren.*

Yagmur (11) hat Schule nicht als Ort im Sinn, vor dem man am liebsten davonrennen wollte. Sie möchte offenbar, dass man dort rundum versorgt ist und sich den ganzen Tag aufhalten kann. Und das gerne tut.

Schlaue Kinder

Ich würde eine Schule bauen, in der es alles gibt, wie Hausaufgabenhilfe, ein Kaufhaus, eine Caféteria und so weiter ... Ich wünschte, dass ich wirklich Oberbürgermeister werden könnte.

Zum Schluss zwei Beiträge, denen man besonders abspürt, wie ernst ihre Verfasser die Frage genommen haben, was aus der Verantwortung eines Stadtoberhauptes heraus wichtig für eine Schule wäre. Die zehnjährige **Elena** führt aus: *Wenn ich Oberbürgermeister wäre, würde ich einmal in jede Schule von Mannheim kommen, weil manche Kinder kennen ihn noch gar nicht. Und das will ich ändern. Ich würde auch an die Schulen spenden, weil wenn Kinder ihre Bücher nicht gut behandeln, müssen sie sie bezahlen, auch wenn sie kein Geld haben. Aber wenn ich spenden würde, gäbe es mehr Bücher und die Kinder müssten nicht mehr die Bücher bezahlen.*

Deniz ist schon zwölf und offenbar in der Lage, Vergleiche mit Schulen in verschiedenen anderen Ländern anzustellen, denn er fordert: *Auf den Spielplätzen würde ich einen Sicherheitsdienst hinstellen, damit die großen Jungs keine kleinen Kinder schlagen. Und auf den Schulhöfen würde ich den Asphalt wegräumen lassen und dafür Wiesen anlegen, damit die Kinder sich nicht verletzen. Ich würde in jeder Schule eine Kantine einrichten wie in Amerika oder England, aber nicht nur Pommes und Hamburger verteilen. Dies gäbe es immer nur einmal in der Woche und zwar am Dienstag. In der restlichen Woche gibt es Gemüse und viel Salat. Natürlich würde ich die Hofpausen auf 30 Minuten verlängern. Und die Sporthallen größer bauen. Mir gefällt hier, dass die Schule leichter als in Rumänien ist, dass wir nicht so viele Hausaufgaben kriegen und viele Ausflüge machen. Ich finde an Mannheim gut, dass die Schulen nicht so weit von unseren Häusern entfernt sind.*

Stadtkinder

Wer mitten in der Stadt lebt, kann ihre Vorzüge besser genießen: kurze Wege, öffentliche Einrichtungen wie Plätze, Brunnen, das Theater usw. Und nicht zu vergessen die Sehenswürdigkeiten. Trotzdem ziehen Familien mit Kindern häufig ins Grüne, denn für ihren Nachwuchs ist es ihnen wichtiger, dass er im Freien spielen kann, als dass man zu einem Park nur eine halbe Stunde mit Auto, Bus oder Stadtbahn (oder gar zu Fuß) braucht. Und überhaupt so etwas wie Theater! Dafür interessieren sich nicht einmal manche Erwachsenen! Viele Familien haben in ihrem Tagesablauf genug Theater, aber eben zu Hause - etwa, wenn die Kinder abends Zähne putzen und ins Bett sollen.

Interessant ist darum, mit welchen Augen ein Kind seinen Wohnort sieht. Was bedeutet ihm das Wahrzeichen seiner Stadt? Wie nimmt es Architektur wahr? Findet es Graffiti hässlich? Und - gar nicht so abwegig - wie oft war es schon in einer Apotheke, und was weiß es über die Bedeutung der abendlichen Straßenbeleuchtung? Jedenfalls fühlt sich schon manches Kind mitverantwortlich für das, was in dem Gemeinwesen passiert, in dem es lebt. Muss man mehr sagen? Nein, wir lassen die Kinder reden:

Davide (12) *Ich ließe meine ganze Familie von Italien nach Deutschland kommen. Weiterhin ließe ich einen Kindergarten bawen für mein Neffen. Ich würde auch die Stadt Größer machen und den Platz am Wasserturm freigeben zum Picknicke. Das Collinencenter finde ich cool. Ich würde Kinder in die Bücherei schicken und ihnen Bücher schencken.*

Deniz (12) *Ich würde mehrere Brunnen mit einem Dach drüber bauen und Quellenwasser darin fließen lassen. Für die Armen würde ich eine Heim bauen lassen und im Jungbusch würde ich die alten Brücken wieder aufbauen.*

Giuseppe (10) *Ich würde die Abgase von den Autos durch Erdgas ersetzen, denn dardurch könnten die Menschen sterben! Man sollte mehr mit dem Fahrrad fahren. Mannheim ist eine schöne Stadt, bloß die Verschmutzung*

Stadtkinder

durch die Schmutzfinken ist eine Katastrofe! Mir gefallen die Lebensmittelläden, denn ohne die Lebensmittel könnte man gar nicht leben.

Muhammet (10) *Dann würde ich meine ganze Familie aus der Türkei nach Mannheim holen. Als nächstes würde ich alle teuren Sachen billiger machen. Eine 30 Meter hohe Rutsche würde ich für die Kinder bauen lassen! Es gäbe Roboter, die die Kinder beschützen. Vorallem würde ich die Süßigkeiten für 10 cent verkaufen.*

Pinar (10) *Mir gefällt es am Wasserturm. Es sollte mehr Bänke geben in ganz Mannheim. Ich würde den Kindern sagen, dass sie weniger kaufen sollen, weil aus den Fabrikschornsteinen zu viel Rauch kommt und davon wird die Stadt schmutzig. Mir gefällt die Bibliothek.*

Linda (9) *Mir gefällt an Mannheim: der Wasserturm, das Kaufhaus und vieles mehr. Mein Wunsch wäre weniger Fastfood-Läden bauen. Ich würde eine riesengroße Boutique bauen (Laidis an Girls). Eine riesen Villa mit Pool und 2 Küchen eine oben und eine unten (für MICH). Mir gefällt das Fasching-Stadtfest und so viele andere Feste. Mehre Apotheken würde ich auch noch bauen.*

Yagmur (11) *Am Wasserturm fände ich Picknickplätze und extra noch Grillplätze schön. Außerdem würde ich 10 Männer und 9 Frauen an den Wasserturm stellen, damit keine Penner kommen und damit alles ordentlich bleibt und keiner seinen Müll auf den Boden, auf die Wiese oder ins Wasser wirft. In der Stadt würde ich einen Großen Fernseher aufstellen und den Leuten zeigen, was man abschaffen muss.*

Michael (10) *Ich würde mehr Ansehnlichkeiten bauen lassen. Oder vielleicht auch Zoos und Tierparks. Das Rauchen soll auch untersagt werden aber das hat die nette Frau Märkel ja schon in die Wege geleitet. Am besten wahre es wenn es mal ein Wasserturmjubiläum gäbe. Vorallem sollte es mal wieder ein Kletterfest geben. Aber die Erwachsenen sollen auch nicht vernachlässigt werden.*

Stadtkinder

Daher beschließe ich als Oberbürgermeister ein Bürgerfest zu veranstalten. Und einen Tag der offenen Tür fürs O.b.gebäude. P.S. ziemlich große Erwartungen für einen 10jerigen? Kostet auch voll viel Kohle nicht wahr?

Gianluca (10) *In jeder Ecke würde ein Baum wachsen. Ich möchte gern alle Autos mit Wassertanks ausrüsten. Mir gefällt an Mannheim die Geschäfts-Meile, der Wasserturm und alle Parkanlagen. Ich würde alle Mieten jährlich 1 €uro kosten lassen und ebenso sollte in jedem Geschäft alles nur 1 € kosten. Drohgen, Zigaretten und so weiter würde ich abschaffen. Auch würde ich eine Maxline erfinden, die den Müll aufsaugen würde, sowie eine Maschine, die die Luft sauber halten könnte. Genauso könnte ich mir eine Tiererfindemaschine sehr gut vorstellen. Mir gefällt es hier.*

Selim (10) *Mir gefällt der Wasserturm am meisten weil er so alt ist.*

Wilma (10) *Ich würde nicht so viele Baustellen einrichten, weil es immer so laut ist und es gibt meistens Stau. Ich hätte mehr Pflanzen in die Stadt gepflanzt.*

Juliusz (9) *Ich hätte um jedes Haus ein Zaun hingebaut und einen dazu, damit die Kinder Platz zum Spielen haben und Zäune deshalb, weil die Wände zerstört und angemalt werden. Weniger Baustellen wären auch, damit die Gegend schöner aussieht. Rauchen nur zu Hause erlaubt weil's draussen so stinkt.*

Emre (12) *Man darf keine Waffen tragen oder damit schießen weil es schlimm enden kann. Man dürfte auf die Wände Graffitti malen, dabei keine Strafe bekommen, weil es dann schöner ist. Es sollten viele Bäume und Picknickplätze sein, weil dann jeder picknicken kann. Es dürfen keine Tiere getötet werden weil es nicht mehr viele sind.*

Kadir (10) *Ich finde es gut, dass es schöne Gebäude in Mannheim gibt wie den Wasserturm, den Fernmeldeturm und das Schloss. Ich würde den Eintritt zu diesen Gebäuden senken.*

Stadtkinder

Dennis (11) *Ich finde an Mannheim gut dass: es Spielplätze gibt, dass es Lokale gibt wo man essen kann und dass es Fußballplätze gibt.*

Serena (12) *Ich finde in Mannheim toll dass ich in Quadraten lebe. Ich spiele gern Theater und schaue gern Theater an, ich finde es herrlich dass es Theater in Mannheim gibt. Die Sehenswürdigkeiten sind schön. Der Schlosspark ist gut zum Erholen. Ich wünsche mir in Mannheim ein kleines Streichelzoo.*

Mehr Horts. Mehr Feste zum Feiern. Aber mein größter Wunsch für Mannem ist, die Zuckumft für Mannem zu Kapatolieren. Ich hätte mehr Radwege denn ich fahre meistens auf die Straße aber manchmal habe ich Angst von den rießigen Autos. Mehr Straßenbeleuchtung denn im Winter laufe ich immer ein dunkler Weg.

Zum Schluss schauen wir uns noch an, welchen Blick die Viertklässlerin **Tülin** auf ihre Stadt wirft. Als Oberbürgermeisterin würde sie zu ihren Bürgern eine ganz besondere Nähe suchen: *In Mannheim gefällt mir besonders, dass wir in der Innenstadt wohnen und dass der Wasserturm in der Nähe ist. Also besser gesagt, fast alles an Mannheim gefällt mir. Was mir nicht gefällt, ist dass so viel Müll auf dem Boden liegt. Mir gefällt auch nicht, dass es in Mannheim viele Obdachlose gibt, die auf den Straßen sitzen, weil die Kinder vor ihnen Angst haben. Für die Obdachlosen würde ich Plätze einrichten, wo sie ihren Tag verbringen. Wenn ich Oberbürgermeisterin wäre, würde ich überall spazieren gehen und schauen, wo es was zu tun gibt. Dann würde ich auch die neu zu machenden Spielplätze sehen und sie neu bauen lassen.*

Stadtkinder

Linda (9) würde eine riesengroße Boutique für "Laidies an Girls" bauen.

Schöne Luft

Andreas hätte gern, dass die Straßenlaternen mit Solar angetrieben werden.

Schöne Luft

Eine schöne Luft wär' gut

Ipek, 10 Jahre: *Unsere Stadt braucht frische Luft und keine Abgase.* Wer behauptet da, Zehnjährige säßen nur vor dem Fernseher oder der Spielkonsole? Mag sein, dass sie es oft tun. Woraus nicht zu schließen ist, der jungen Generation sei grundsätzlich das Künstliche lieb und die Natur egal. Unter den Einsendern jedenfalls befanden sich auffällig viele Kinder, die sich mehr Grün und weniger Abgase in der City wünschten. Ein Vierzehnjähriger begründete detailliert: *Die Bäume regulieren nämlich den Kohlendioxidgehalt in der Luft.* Nur angelernt? Ein so großer Chor von Kinderstimmen ist vermutlich nicht künstlich, sondern Natur.

Den Wunsch nach Bäumen und Pflanzen äußerten Kinder wiederholt speziell für Markt- und Paradeplatz. Am detailreichsten hat **Andreas** (10) das zu Papier gebracht. *Ich würde am Marktplatz viele Bäume anpflanzen. Ich hätte gern, dass die Straßenlaternen mit Solar angetrieben werden. Ich würde befehlen, dass jedes Haus mindestens zwei Pflanzen an den Wänden hochranken lässt, so dass man die Pflanzen sieht. Am Marktplatz würde ich an der Sankt Sebastian Kirche oben auf dem Dach der linken Statue das Schwert in die Hand geben.*

Can (4. Klasse) möchte, dass *aus dem Marktplatzbrunnen wieder Trinkwasser fließt. Weiterhin würde ich die alten Häuser, die man nicht braucht, abreißen lassen und ließe schöne neue Häuser bauen. Natürlich auch eine große Bibliothek.*

Hayrunnisa (10) findet den trockenen Brunnen am Markt ebenfalls fehl am Platze. Darüber hinaus würde sie aber auch gerne eine andere Quelle sprudeln lassen: *Ich würde dafür sorgen, dass am Marktplatz eine Spendenkasse für die armen Kinder aufgestellt wird. Ich würde bestimmen, dass es keinen Streik mehr gibt. Und für die Hunde Klos bauen lassen.*

Schöne Luft

Ihre Forderungen gehen aber weiter: *Am Wasserturm würde ich die geschlossene Tür wieder aufmachen und in die Wasserbecken viele Fische reinsetzen lassen.* Ein bisschen Natur in die Stadt hineinbringen eben: *Am Paradeplatz würde ich dafür sorgen, dass in den Brunnen viele Enten schwimmen.* Die Vorschläge der Viertklässlerin bedeuten nicht, dass sie ihren Wohnort nicht mag. *Mir gefällt der Wasserturm, weil es dort so schöne Figuren gibt und einfach gefällt mir alles. Mir gefällt auch der Brunnen am Marktplatz und der Rhein und der Neckar.*

Und **Jessica** (10) moniert, dass *die Abgase der Autos die Bevölkerung belasten. Am Peradeplatz würde ich einen Kindergarten bauen mit vielen schönen Spielplätzen.*

Zu den Bäumen auf den Plätzen der Innenstadt hat **Elena** (10) eine überraschende Idee. Sie würde sich nämlich um einen Weihnachtsbaum auf dem Marktplatz kümmern: *Ich würde an Weihnachten auf dem Marktplatz jedes Jahr ein Weihnachtsfest für große und kleine Kinder feiern. Weil manche haben keine Familie und feiern deswegen alleine.*

Ein einziges Kind wollte ausdrücklich weniger Bäume im Stadtgebiet. Die Begründung kommt direkt aus der Praxis und leuchtet jedem ein, der Bäume auf dem eigenen Grundstück hat. Vielleicht gehört **Nadine** (11) zu diesen Menschen mit bestimmten Erfahrungen? *Ich würde nicht so viele Bäume einpflanzen, weil es fliegen immer so viele Blätter runter und dann muss man sie immer aufkehren. Das ist nicht schön.*

Schöne Luft

Bäume in der Innenstadt? Elena würde sogar für einen Weihnachtsbaum auf dem Marktplatz sorgen.

Dorthin kommt jeder

*Bei Tobias darf es gern ein Sprungturm sein,
für Cibel wäre eine Rutsche besonders wichtig.*

Dorthin kommt jeder

Wasser, Erde, Luft und Feuer - die klassischen Vier haben es den Kindern angetan. Beim Feuer, naja, da erzählt Heinrich Hoffmann in seinem Struwwelpeter von den Katzen: „Sie drohen mit den Pfoten, der Vater hat's verboten!", beim Wind erinnern wir uns an den fliegenden Robert, der davongeweht wurde, sodass ihn niemand mehr wiedersah. Aber gegen die beiden übrigen Elemente haben selbst altmodische Pädagogen nichts einzuwenden. Nehmen wir statt Erde Sand, dann leuchtet es auch Spielplatztanten ein, und dann -

Ja, dann. Wasser! Beim flüssigsten aller Stoffe ist auch das miesepetrigste Kind in seinem Element - im wörtlichsten aller fünf Sinne. Das universellste aller Lösungsmittel ist die Lösung auch des langweiligsten Feriennachmittags, an dem der gestresstesten aller Mütter nichts mehr zur Beschäftigung ihres Nachwuchses einfällt. Das gilt nicht nur für die tropischsten Sommertage seit Menschengedenken, die wir im Sommer 2006 an Rhein und Neckar erlebten. Ich habe an einem mäßig warmen Frühsommertag erlebt, wie Kinder bei einem kräftigen Regen nicht mehr zu halten waren, nach draußen stürmten und sich - samt Kleidern wohlgemerkt! - in die tiefste Pfütze stürzten, die sich finden ließ.

Nun, es muss nicht immer eine Pfütze sein, zur Not nehmen wir auch mit einem gediegenen Schwimmbad vorlieb, vor allem, wenn es diverse Errungenschaften zu bieten hat: Rutschen, Sprungbretter und drei Bademeister. Und - - - Ja? Und sehr breit und lang sollte es sein. Nein, noch länger und breiter. Siehe Cibels Ausführungen unten.

Dorthin kommt jeder

Manche Kinder sind dabei noch ganz vernünftig und bescheiden. **Wilma** würde *auf die Spielplätze Wasserrutschen hin bauen, die aber nur im Sommer, wenn es heiß ist, geöffnet sind.* Dann legt die Zehnjährige jedoch nach und findet: *Ich hätte zum Herschelbad noch ein Freibad dazu gebaut weil es gibt kein Freibad in der Innenstadt und das Herschelbad hätte ich renoviert.*

Lorena (11) wünscht sich schon ein bisschen mehr, denkt dabei aber sowohl an Kleine als auch an Große. *Für Kinder und Erwachsene zwei große Schwimmbäder mit je zwei Rutschen und Sprungbrettern von eins bis zehn Metern.*

Während **Tobias** (10) einfach *mehr Freibäder* bauen würde, entwickelt die zwölfjährige **Cibel** sehr detaillierte Pläne: *Ich hätte das Schwimmbad sehr groß gemacht, weil es klein ist. Und im Frühling kommen sehr viele Leute. Deswegen will ich das Schwimmbad größer machen. Und das Schwimmbad sollte sehr breit und lang sein. Die Rutsche sollte noch länger sein und breiter. Es sollte verschiedene Rutschen geben. Und es sollte mehr Bademeister geben, es sollte ungefähr 3 Bademeister geben. Es sollte die Sonnenchrem umsonst sein. Beim Kiosk sollte es mehrere Süßigkeiten geben und die sollten billiger sein. Das Schwimmbad sollte ein Außenbecken haben.* Zum Schluss verfügt **Cibel** wie eine Dezernentin fachmännisch: *Das Schwimmbad kann neben dem Luisenpark gebaut werden.*

Furkan (10) lässt Insiderwissen erkennen, wenn er feststellt: *Mehr Schwimmbäder so was wie Herzogenriedbad, weil dort hin kommt jeder.*

Deniz (12) nutzt die Gelegenheit zu einer Zufriedenheitsgeste: *Ich finde das Freibad von Mannheim voll gut und die zwei großen Parks sind einmalig schön. Ich werde in Mannheim noch eine Weile wohnen bleiben.*

Dorthin kommt jeder

Klar, in den Parks befinden sich ja auch schöne Seen und weitere Attraktionen, die mit Wasser zu tun haben, zum Beispiel Wasserspielplätze.

Giuseppe (10) wundert sich über die Schließungszeiten der Bäder und macht einen Vorschlag zum Kostenfaktor: *Ich würde die Schwimmbäder immer auf lassen. Und es gäbe einen Tag für die Bürger, an dem sie alle Eintritt frei hätten.*

Julius (10) hat im Schwimmbad sehr unschöne Dinge beobachtet, die er dringend abgestellt wissen will: *Ich würde verbieten, dass kleine Kinder ins Schwimmbecken pinkeln, damit weniger krank werden.* Auch er würde die Schwimmbäder größer machen. Warum? Stöhn! So können auch nur Erwachsene fragen! *Damit man mehr Spaß haben kann.*
Alles klar?

Anmerkung für Nicht-Mannheimer: Das Herschelbad ist ein historisches Hallenbad in der Innenstadt, das Herzogenriedbad ein Freibad nördlich des Neckars, dessen mehrjährige Renovierung rechtzeitig zum 50. Geburtstag im Jahr 2006 abgeschlossen wurde. Das Herzogenriedbad ist eines der größten Freibäder Nordbadens. „Weil dort hin kommt jeder."

Salome

Salome ist stolz, dass in Mannheim das Laufrad und das Auto erfunden wurden.

Salome

Zauberhaft und erfindungsreich

Wenn ich Oberbürgermeister wäre, würde ich auf dem Marktplatz die Hand des Jungen und auf dem Paradeplatz das Schwert des Mannes ankleben. Ich würde auch den Hundekot mit der Post den Besitzern zurückschicken. Außerdem würde ich mehr Kindergärten bauen und den Söhnen Mannheims eine Extrabühne mitten in Mannheim aufstellen.

Was mir an Mannheim gefällt, ist, dass das erste Auto hier erfunden wurde und auch das erste Laufrad wurde hier hergestellt. Aber auch das Schloss, der Wasserturm und die neue Arena sind einfach zauberhaft.

Auf der anderen Seite ist Mannheim (City) eigentlich nur zum Shopping gut. Und Mannheim ist die einzige Stadt (außer New York), die Quadrate hat. Als Bürgermeister würde ich dafür sorgen, dass es nicht mehr so viele Friseure gibt. Schade finde ich es, dass es kein WM-Spiel in Mannheim gab.

Viele Grüße und viel Spaß in Mannheim wünscht Salome!

Salome, 10 Jahre

Milana

Hier würde Milana gerne als Oberbürgermeisterin arbeiten. Nicht nur ihr Büro wäre durchdacht und sehr gemütlich, sondern auch für ihre Stadt hat sie viele Pläne. Mannheim wäre dann so sauber und schön, dass sie gerne bis an ihr Lebensende hier wohnen würde.

Milana

Büro mit kuscheliger Hänge

Ich heiße Milana und wenn ich Oberbürgermeister wär, dann würde ich als erstes: mir ein sehr großes Gebäude bauen, das ist dann mein Büro und mein Wohnhaus. Ich hätte Diener und die wären zu zweit in einem Zimmer; Maler, Handwerker, Klempner und Monteure hätten auch Zimmer für sich. Einen großen Wintergarten hätte ich und mitten im Büro soll eine kuschelige Hänge hängen. Ich hätte gerne einen großen Balkon und eine große Terrasse. Im Garten soll ein 8 m langer und 6 m breiter und 3 m tiefer Pool sein und so weiter.

„Ich möchte eine schöne kalte Limonade!", sage ich. Ein Diener bringt sie mir und er geht aus dem Büro. „Dann fangen wir mal an!" Ich nehme meine Arbeitspläne, einen Stift und meine kalte Limonade und kletterte die Leiter hoch und lege meine Sachen auf den großen schweben Tisch. Ich nehme einen Schluk Limonade und ich schreibe auf:

Auf dem Marktplatz möchte ich bei dem Brunnen Wasser fließen lassen und ein großes Schild aufhängen auf dem steht: Penner haben hier nichts verloren und Drogen gehören in den Mülleimer!!! Und das Schwert auf dem Rathaus möchte ich ersetzt haben und mehr Bäume sollen gepflanzt und Gras soll da sein wo Beton ist. Viele Laternen sollen aufgestellt werden und Leuchtketten möchte ich aufgehängt haben, damit es nachts romantischer ist. Ich erfinde Autos, die kein Benzin verbrauchen.

Auf dem Paradeplatz möchte ich das Wasser gesäubert haben und ich erlaube, dass die Leute ihre Füße rein tun, aber nicht auf dem Rasen gehen. In der ganzen Stadt möchte ich, dass mehr Bäume gepflanzt werden. Ein Spray würde ich erfinden damit die Fabriken keinen Rauch mehr ausstoßen. Das Angeln verbiete ich und einen Zoo würde ich in Mannheim bauen. Den Rhein und den Neckar, die durch Mannheim fließen, würde ich säubern lassen. Am Wasserturm würde ich erlauben die Füße reinzuhängen aber es bleibt immer noch, dass man nicht auf dem Gras gehen

Milana

darf. Ich möchte, dass die Lampen, die dort nicht brennen, wieder ersetzt werden. Überall soll das Gesprayte übermalt werden.

Auf der Schönau würde ich ein Kino bauen und die Schule würde ich verschönern und alle kaputten Fenster ersetzen. Auch gäbe es mehr Läden und einen großen Spielplatz. Im Käfertaler Wald besorge ich noch mehr Tiere. In Mannheim baute ich noch einen großen Park. Am Schloss würde ich das Fußballspielen verbieten und das Wasser beim Restaurant ließe ich reinigen. Müll dürfte nirgends wo am Schloss auf den Boden geworfen werden - auch nicht in Mannheim.

Mitten in Mannheim ließ ich eine große Leinwand aufstellen. Dort gäbe es Informationen z.B. ein Programm für Drogensüchtige, Raucher und Alkoholicker, die bei einem Programm teilnehmen müssen. Das wäre aber alles kostenlos. Die Ärtzte, Müllmänner und Co. müssten nicht mehr länger arbeiten. Die Schulkinder würden im Sommer immer hitzefrei haben und in Mannheim würde es keine Arbeitslosen mehr geben.

Plötzlich schlief ich ein und träumte: wie schön Mannheim sein kann. Ich lebe gerne in Mannheim bis mein letztes Stündlein geschlagen hat.

Milana, 10 Jahre

Elena

Umweltfreundlich leben kostet weniger

Ich hätte ein neues Schwimmbad gebaut, weil es in meinem um die Mittagszeit sehr voll wird. Im Unteren Luisenpark hätte ich das Schwimmbad hin gebaut. Das Schwimmbad sollte haben: Ein Fünf-Meter-Brett, ein Schwimmbecken, eine Black-Hole-Rutsche, eine steile Rutsche, ein Wellenbad, eine Wildwasserbahn und eine große Wiese.

Umweltfreundliche Autos schützen die Bäume, weil sie keine Abgase machen. Die Abgase sind auch nicht gut für die Menschen und für die Tiere auch nicht. Hätte man solche Autos gebaut, bräuchte man nicht so viel Geld für Benzin auszugeben.

Alle Zigarettenautomaten gehören abgerissen, weil Zigaretten den Menschen sehr schaden. Sie kosten auch viel. Statt dass man sich eine Zigarettenschachtel kaufte, könnte man sich etwas zu essen leisten.

Elena, 10 Jahre

Elena schlägt vor, Autos mit Batterien statt mit Benzin zu fahren. Das schützt die Bäume.

Weniger ist freundlicher

Schaut man sich die Einsendungen an, muss einem um die soziale Kompetenz der Mannheimer Kinder nicht bange sein. Nur wenige haben die Vorstellung geäußert, dass sie als Oberbürgermeister vielleicht reich wären und sich etwas Besonderes leisten könnten. Und selbst diese Sichtweise führte nicht zwangsläufig zu Egoismen, sondern zur Idee, Bedürftigen zu helfen und, sehr häufig genannt, zu „spenden".

Bei den Themen Sauberkeit und Rücksichtnahme sind es die Kinder, welche die Erwachsenen ermahnen, doch bitte ihre Stadt ordentlich zu halten. Glaube keiner, Kinder wüssten nicht, was schön aussieht und was nicht!

Aus diesem Grunde gehört genau hierher, was **Berna** (11) und **Nilay** (10) den erwachsenen Mannheimern ins Stammbuch schreiben: *Einen neuen Anstrich für die Schulen, Kindergärten und Horte. Sauberer könnte es sein in Mannheim, wenn die Leute nicht Dreck auf dem Boden werffen würden. Weil es freundlicher aussieht.*

Erstklässlerin **Magida** findet, dass gemeinsames Leben mit tatkräftiger Hilfe zu tun hat: *Wenn ich Oberbürgermeisterin wäre, wäre ich reich. Dann würde ich den Armen Geld geben. Dann würde ich Pakistan Geld geben und das Haus von der Stadt reparieren.*

Can und **Gianluca** (beide 4. Klasse) meinen, dass Menschen nicht nur untereinander, sondern auch zu Tieren freundlich und mitfühlend sein sollten: *Kinderheime und Tierheime würde ich in der Stadt bauen, damit die Menschen auch arme Tiere sehen würden und vielleicht dann Tiere nehmen. Ich hätte ein Tiernachzuchtgebiet und einen Tierladen, in dem man alle Tiere*

Rücksichtsvoll und freundlich

kaufen kann. Ich hätte auch auf dem U, 3, Platz einen kleinen Zoo gebaut.

Sauberkeit und Sicherheit sind keine Sache von Polizei oder strengen Eltern. Neben dem Schutz, den sie bieten - niemand will den Gestank eines andern riechen, den Dreck eines anderen sehen oder von einem Trottel, der nicht aufpasst, angerempelt werden - eröffnen sie auch ganz schlicht die Möglichkeit, Rücksichtnahme zu zeigen und zu leben.

Maximilian (10): *Wir brauchen mehr Ampeln und Zebrastreifen für mehr Sicherheit auf der Straße. Als nächstes brauchen wir auch mehr Fahrradwege, damit man nicht immer auf dem Fußweg oder auf der Straße fahren muss. An den Ampeln müssen die Erwachsenen Vorbild sein und nicht bei Rot über die Straße laufen.*

Selim (10) hat offenbar schon schlechte Erfahrungen mit schnellem Autoverkehr gemacht: *In Mannheim gefällt mir nicht dass die Autos so schnell fahren. Dass die Hunde ihre Geschäfte auf den Spielplätzen machen. Ich hätte mehr Rada gemacht dann werden sie geblietzt wenn sie zu schnell fahren.*

Berna (11) hat erkannt, wie wichtig Verkehrsverhältnisse sind, die einem Kind gerecht werden: *Ich finde gut in Mannheim dass es viele Wäge gibt wo man Fahrrad fahren kann und Kinderrechte Straßen und Spielplätze gibt wo die Kinder spielen können.*

Rücksichtsvoll und freundlich

Mehmet (9): *Die Fahrradwege sind zu klein und zu dünn. Deshalb hete ich Fahrradwege machen aber größere und Breitere wie Jetzt. Ich hete ein WM Stadion gemacht in Mannheim aber da können auch Bundesliga Spielen.*

Dennis (11): *Ich tät noch mehr machen wenn ich Oberbürgermeister wär: mehr Zebrastreifen, mehr Beläuchtung, mehr Fahrradwege, mehr Ampeln.*

Nilay (10) stellt zwischen verschiedenen Beobachtungen einen Zusammenhang her und leitet Handlungsbedarf davon ab: *Muss net sein das alles so teuer ist. Mehr Obdachlosenheime für die Armen auf der Straße.*

Sevilay (10): *Und es sollte mehr Arbeit geben damit die Optachlosen Arbeit finden und nich auf der Straße sitzen und um Geld betteln sondern es sich verdin.*

Und noch mal **Maximilian** (10): *Dann brauchen wir mehr preiswerte Wohnung damit sich auch jeder eine schöne Wohnung leisten kann.*

Bei **Sarah** (11) merkt man, wie der Blick nicht nur an vordergründigen Bedürfnissen hängen bleibt. Auch sie versteht schon, dass man verschiedene Dinge im Zusammenhang betrachten kann. *Für die Älteren Damen oder Herren ein oder mehrere Altersheime. Weniger Arbeitslose Menschen denn wir Menschen brauchen Geld für Kleider und Schuhe und Lebensmittel. Die Natur brauchen wir denn sie gibt den Flanzen Sauerstoff und die Flanzen uns denn wenn sie schmutzig ist kann man krank werden deshalb muss es sauber sein und wir Kinder brauchen mehr Spielplätze. Weil wir müssen ja auch toben.*

Julia

Was sein muss, muss sein

Ich würde den WWF unterstützen und dass sie nicht so viele Sprühdosen verkaufen, damit die Häuser sauber bleiben. Es sollte auch an den Schulen mehr AG's geben. Und aha! Die Müllabfuhr sollte mehr arbeiten, ich weiß ja, dass es anstrengend ist, aber es muss sein.

Mir gefällt an Mannheim, dass es Quadrate gibt, so ist es leichter sich in der Stadt auszukennen. So, nun weiter mit dem Verbessern.

Ich würde Häuser für die armen Straßenleute und mehr Einfamilienhäuser mit Gärten bauen. Ich würde dafür sorgen, dass es in der Stadt ruhiger wird, die Spielplätze nicht so versaut sind und für mehr Blumen sorgen. Bäume, Büsche und Blumen würde ich eigenhändig anpflanzen.

Wisst ihr, was ich noch ändern will? Schuluniformen würde ich einführen. Das wäre auch besser so. Jungen tragen Hosen, Mädchen tragen Röcke: im Kennzeichen der Schule. Das kann allerdings ein bisschen nerven, weil man da nicht anziehen kann was man möchte.

So nun wären wir am Ende. Mir gefällt es in Mannheim und ich lebe auch gerne hier, aber besser wäre es, wenn ich und meine Familie in der Gartenstadt wohnen würden.

Julia

Spielplätze

Okan würde mehr Spielplätze bauen und den armen Kindern kostenlos Eis spendieren.

Spielplätze

Nur schön zum Ansehen

Das Thema Spielplätze wurde in vielen Zusammenhängen erwähnt. Das hängt damit zusammen, dass Kinder eigentlich immer und überall spielen. Durchs Spiel verarbeiten sie Erlebtes (Einkaufen spielen, Familie spielen) und erarbeiten sich Unbekanntes, schaffen dabei ganze Welten mit eigenen Regeln („Hier wär jetzt ein Fluss, und jeder muss drüberspringen, ohne ins Wasser zu treten, sonst geht er unter").

Stellt das Spiel für Erwachsene die Ausnahmesituation am Feierabend, Wochenende oder im Urlaub dar, so ist es für Kinder etwas völlig Selbstverständliches. Das Spiel ist für das Kind das Medium, durch das es der Außenwelt begegnet, mit ihr Kontakt aufnimmt.

Eigentlich sehen wir Großen uns lieber und öfter in der umgekehrten Rolle: Sich herabbeugen zu den Kleinen, die unserer Hilfe bedürfen. Jetzt aber geht das Kind auf die Vorstellungswelt der Erwachsenen ein und ist der Helfer.

So hat die zehnjährige **Ipek** sich Gedanken darüber gemacht, dass in einer eng bebauten Stadt eigentlich wenig Raum sein muss für neue Spielplätze. Trotzdem findet sie eine Lösung.

Ich würde mehr Spielplätze bauen zum Beispiel in Baulücken oder auf Grünanlagen. Auf den Spielplätzen sollten Schaukeln, Rutschen, Wippen und auch 2 oder 3 Klettergerüste sein. Ich würde die Spielplätze bauen, weil die Kinder nicht so viel Platz zum Spielen haben. Manche Kinder müssen auch weit laufen, um bei einem Spielplatz spielen zu können.

Viele der Beiträge bringen bekannte Aspekte: Sauberkeit, Sicherheit, Hundeverbot und ganz bestimmte Spielgeräte. Oder - typisch Junge - alles möglichst „riesig" und weltumspannend. Oder - typisch Mädchen -

Spielplätze

einen Streichelzoo. (In beiden Fällen bricht die Ausnahme die Regel nicht.) Oder ganz schlicht die Auseinandersetzung mit einem vertrauten Ort, an dem man sich eine Änderung erhofft.

Okan, 1. Klasse: *Also ich könnte einen klub machen für die kinder, wenn ich oberbürgermeister wäre, würde ich umsonst eis geben für die armen aus mannheim. und mehrere spielplätze bauen.*

Maximilian (10): *Als erstes würde ich alle Spielplätze sauberer und sicherer machen damit alle Kinder ordentlich spielen könnten. Es müsste auch mehr Grünanlagen mit Sportplätzen geben.*

Sevilay (10): *Ich finde in Mannheim toll dass es Spielplätze gibt und dass in manchen Spielplätzen keine Hunde rein dürfen weil viele kleine Kinder Angst vor Hunden haben.*

Wilma (10): *Ich würde aus dem U 5 Spielplatz wieder einen richtigen schönen Spielplatz machen weil der Spielplatz ist eigentlich schön aber er ist mit Laub voll und schaut imoment nicht sehr schön aus glaube ich.*

Lorena (11): *Ich ließe einen Abenteuerspielplatz mit Streichelzoo und dem größten Klettergerüst der Welt und auch mit Rutsche und Schaukeln machen. Aber auch für die Erwachsenen zwei Solariums und drei Diskos.*

Tobias (10): *Ich würde einen Riesenspielplatz bauen wo alle Spiele der Welt gibt.*

Der Beitrag eines zwölfjährigen Mädchens lässt eine sehr eigenständige Meinungsbildung erkennen. Er entlarvt die Großzügigkeit der Erwachsenen, die den Kindern freundlicherweise Spielplätze gönnen, als gelegentlichen verkappten Egoismus. **Tülin** hat nämlich selbst ausprobiert und nachgedacht und dabei die Fähigkeit entwickelt, Unterscheidungen zu treffen. Darum ist sie in der Lage, ein Angebot begründet abzulehnen und etwas anderes zu fordern: *Ich würde Spielplätze neu bauen lassen. Denn die neuen Spielplätze, die es gibt, gefallen*

Spielplätze

mir nicht, weil sie nur schön zum Ansehen sind, zum Spielen sind sie aber nicht so gut (z.B. das am alten OEG-Bahnhof). Außerdem wünsche ich mir, dass es in Mannheim mehr Beschäftigungsmöglichkeiten für die Kinder gibt. Meine Idee ist, dass ich mit meinen Freundinnen Spaß habe. Ich wollte schon immer, dass es in Mannheim einen Abenteuerspielplatz gibt.

Ganz am Rande sei's erwähnt, weil es beim Thema Spielplatz am offenkundigsten ist. Natürlich können Erwachsene den Halbsatz „Wenn ich Oberbürgermeister wär'..." leicht als nette Gedankenspielerei betrachten. Bei dem, was die Kinder dazu äußern, sollte man sich aber vor Augen halten, dass leise die Obertöne der Hoffnung mitschwingen. Kinder können zwar sehr gut zwischen Wunsch und Wirklichkeit unterscheiden. Dennoch winkt für sie jederzeit irgendwo versteckt die Zauberfee:

„*P.S.: Vielleicht geht es ja in Erfüllung!*" (**Linda**, 9 Jahre).

P.P.S.: Diejenigen Erwachsenen, die den Glauben an die Zauberfee noch nicht ganz verloren haben, gehören nicht zu den unglücklichsten ...

Melih

Melih will, dass Mannheim durch Feste mehr Einnahmen haben soll.

Melih

Mehr als eine schöne Gegend

Wie ist Mannheim?

Mannheim ist eine schöne Stadt und ist eine Quadratestadt.

Mannheim ist schön, denn es hat schöne gegente.

Ideen:

1) Man sollte am Wasserturm oder am Schloss ein großes Fest machen, denn dann kommt mehr Geld.

2) Nachts wird es immer meistens gefährlich, deswegen haben die Leute Angst. Man sollte die Polizeien verkleiden als normale Menschen ...

Wie gehst du vor:

1) Erst plane ich wohin ich das Fest hinstellen soll. Dann suche ich ein paar Arbeiter raus und lasse ihnen den Zelt und so weiter bauen.

2) Ich suche mir 10-15 Polizeien aus und erkläre ich ihnen von meinen Plan.

Melih, 10 Jahre

Janine

Schule länger, aber mit mehr Spaß

Wenn ich Bürgermeisterin wäre, würde sich in Mannheim einiges verändern! Mannheim würde zu einer grünen Lunge werden mit vielen Sport- und Spielmöglichkeiten für Kinder, Jugendliche und natürlich auch für Erwachsene. Ich würde Autos verbieten lassen oder nur Autos, die mit Sonnenenergie oder Wasserstoffenergie fahren, zulassen. Stattdessen dürften Fahrräder, Inliner, Skateboards, Einräder, Tandems, Rikschas und andere Fortbewegungsmittel, die aus eigener Kraft fahren, die Straßen benützen.

Ich würde in jedem Stadtteil mindestens einen kleinen Grünpark anlegen, außerdem auch ein Schwimmbad, Sport- und Spielplätze. In jedem Stadtteil müsste es auch einen Jugendclub und einen Musik- bzw. Sportverein geben. Diese Institutionen wären für Kinder unter 12 Jahren kostenlos und für Jugendliche bis 18 nur mit 3 Euro besteuert.

So wäre Mannheim eine grüne, lebendige Stadt, in der man viel Sport machen kann, schnell neue Leute kennen lernt, sich gut mit Freunden treffen kann und das Leben der Jugendlichen nicht nur aus Schule besteht, weil ihre Eltern ihnen nichts Besseres bieten können.

Auch an der Schule würde ich einiges ändern, sie wäre zwar für einige länger, aber auch spaßiger! Den Unterricht würde ich um 9 Uhr beginnen lassen, so dass alle genug Zeit haben, sich in der Schule einzufinden. Bis 13.15 Uhr fänden stressige Unterrichtsstunden statt, die auch wichtig sind und in denen man meistens viel lernen muss, so wie Mathematik, Deutsch, Englisch, Französisch, Spanisch, Latein, Geschichte, Erdkunde, Biologie (natürlich könnte man sich zwischen Französisch, Spanisch, Latein entscheiden). Von 13.15 Uhr bis 14.15 Uhr würde ich eine Pause einlegen lassen, in der die Schüler essen gehen und sich mit ihren Freun-

Janine

den treffen können. Ab 14.15 Uhr bis zum Schulende um 16.00 Uhr würden dann Nebenfächer und AGs, die man in den Obergruppen Musik, Sport, Werken/Basteln, Wissenschaftliches/Religiöses/Philosophisches wählen kann, stattfinden. Man muss aus jeder Obergruppe mindestens eines der Fächer/AGs belegt haben. In Fächern gäbe es Noten und in AGs Leistungspunkte, die am Ende des Jahres zusammengezählt und eine eigene Note bilden würden.

So wäre jeder besser in der Schule, wenn er sich Mühe geben würde, weil er ja Fächer in seinen Interessen und Fachgebieten wählen könnte, und es würde sicher auch mehr Spaß machen!

Janine, 14 Jahre

Muhammet

Für jeden etwas

Muhammet

Was ich gut finde:
Mannheim ist gut, weil man auf dem H6-Spielplatz Bälle zum Spielen nehmen kann. Das macht Spaß und es gibt auch neben der K5-Schule einen Bolzplatz. Ich danke der K5-Schule.

Idee:
es könnte für die Kinder einen schönen Fußballplatz geben oder für die Mädchen einen Seilspielplatz oder einen Volleyballplatz. Oder für die kleinen Kinder Legos oder Puppen. Dann würden sich die kleinen Kinder freuen. Wenn ich Oberbürgermeister wäre, hätte ich der Schule viele Hefte, Puppen oder Spielzeuge für die Kinder gekauft. Das würde mich freuen.

Was mir nicht gefällt:
Ich mag es nicht, dass die Menschen immer Müll auf die Straßen werfen. Das ist gefährlich für die Gesundheit. Dann werde ich sehr traurig.
Außerdem werden die Ampeln schnell rot. Das mag ich auch nicht.

Muhammet, 10 Jahre

Irma

Irma würde etwas unternehmen, damit es in Restaurants und Imbissen sauber zugeht.

Irma

Das Essen ordentlich und frisch

Ich finde an Mannheim gut dass es viele Bäume gibt, weil wir die Luft brauchen um zu Leben. Ich finde nicht gut dass die Hunde auf dem Spielplatz pinkeln und dass viele Obdachlose vor der Tür von der Schule sitzen. Und dass das Fußballstadion so weit weg ist. Für meine Freunde und mich wäre es gut mehr Spielplatze auf dem Grünen zu haben.

Der Unterricht sollte so wie auf dem Stundenplan sein. Es sollte kostenlose Kinder Sportvereine geben. Es sollte wenigere Fabriken in der Innenstadt geben. Es sollten im Kiosk mit der Zange oder Handschuen Lebensmiteln nehmen müssen.

Wenn ich Burgermeister wäre würde ich die Autofahrer mit Strafzettel zwingen dass sie nicht auf der 30 Zone schneller fahren, genauso dass sie auf dem Fußgängerweg nicht parken, dann können wir Fußgänger nicht durch.

Wenn ich Burgermeister wär würde ich was unternehmen dass unsere Restaurants und Imbisse sauber bleiben und dass das Essen ordentlich und frisch ist. Ich würde demjenigen bestrafen wenn er Jugendlichen Alkohol und Zigaretten verkauft. Wenn ich Burgermeister wär würde ich dafür sorgen dass unsere Stadt sauber bleibt. Ich würde in Resterants und Imbissen so wie in der Schule Rauchen verbieten. Ich würde irgend wie Familien Finaziel unterstützen.

Irma, 10 Jahre

Maria, Christina und Francesca

Maria würde zusammen mit Christina und Francesca beleidigende Werbung unterbinden.

Maria, Christina und Francesca

Freizeitparks

Ich hätte mehr Fahrradwege gemacht, weil es viele Fahrradwege gibt, die verschmutzt und nicht zum Fahren geeignet sind und das Fahren auf der Straße gefährlich ist. Es wäre schön, wenn Radwege ausgebessert würden.

Ich hätte aber auch mehr Freizeitparks gemacht, weil sich dann mehr Kinder beschäftigen können. Spielplätze und Fußballplätze in Mannheim sollten ausgebessert oder gebaut werden. An manchen Orten gibt es keine. Mehr Spielstraßen und neue Inliner-Parks und Skatebord-Parks bauen. Ich würde dafür sorgen, dass bei der Messe außenherum ein Zaun errichtet wird und für die ganze Messe Eintritt bezahlt werden muss, aber dafür kosten die Attraktionen kein Geld mehr.

Also, wir nehmen in Deutsch gerade das Thema „das doppelte Lottchen" durch, wir müssen innerhalb von zwei Wochen das Buch lesen, aber ich hab mir das Hörspiel von der Bücherei ausgeliehen und höre es mir einfach an anstatt zu lesen. Ich würde auch Schulsachen preiswerter machen, weil wir müssen jedes Schuljahr neue kaufen. Und die, die arm sind, wollen auch Schulsachen.

Dass in Mannheim extra Raucherhallen oder Raucherplätze gebaut werden. Der Grund ist dass Nichtraucher den Rauch nicht einatmen und davon nicht krank werden können. Auch rauchfreie Busse und Bahnen sind wichtig weil man erstickt da drin. Und mehr Mülleimer, damit wir weniger Dreck haben.

Maria, Christina und Francesca

Gut wäre es das Benzin billiger wär. Man darf keine beleidigende Werbesbots und Werbungen aufstellen. Dass in Bibliotheken der Stadt Mannheim die Regeln befolgt, muss man eine Geldstrafe zahlen.

Es wäre schön wenn sie Essen verkaufen es vorher testen und schauen dass es nicht schlecht ist.

Maria, 10 Jahre,
Christina, 11 Jahre,
Francesca, 11 Jahre

Sandra

Weil ich eine Mannheimerin bin

Mannheim ist eine Stadt wo es für jeden etwas gibt. Wer gerne einkaufen geht ist in der City genau richtig. Zur Erholung haben wir zwei wunderschöne Stadtparks. Hallenbäder und Freibäder sind auch vorhanden. Die Eis Sporthalle ist auch Super. Wer lieber Kultur möchte hat die Möglichkeit eines unserer schönen Museen zu besuchen. Wir haben auch Kinos die Spitze mit Bus und Bahn zu erreichen sind. Ganz toll finde ich meine Schule die IGMH in der viel mit und für die Schüler getan wird.

Das würde ich ändern:
1. Kinder freundliche Zonen, das heißt in den Wohngebieten darf man auf den Wiesen spielen
2. Dass Kinder nach 17.00 Uhr verbilligt ins Freibad können (Nicht nur Erwachsene)
3. Den Verkehr in der City und den Vororten reduzieren
4. Spielplätze die Super sind und auch gepflegt werden
5. Auf Sauberkeit achten
6. Kinder und Jugendliche mehr in den Vordergrund stellen
7. Eine Partei für und von Kindern und Jugendlichen

Es gibt bestimmt noch viel mehr das man ändern könnte, aber da ich erst 11 Jahre bin fehlt mir noch etwas der Überblick.

Ich fühle mich in Mannheim sehr wohl. Es gibt viel das ich in meinem Alter schon alleine unternehmen kann, aber vielleicht liegt es auch daran dass ich eine Mannheimerin bin.

Sandra, 11 Jahre

Onur

Onur macht sich für Plätze stark, auf denen sich Kinder frei bewegen können.

Onur

Besser drixe

Ich hätte viele Inliner plätze für die Kinder,
damit die mehr Spaß haben.

Für die Fußballspieler mehrere Fußballplätze und
bessere gemacht.

Für die Fahrrad fahrer hätte ich größere und
schönere plätze machen. Zumbeispiel damit die
besser drixe können.

Ich werde kein Zigarette nicht mehr Rauchen lassen,
damit die kleine Kinder nicht passieren soll.

Onur, 12 Jahre

Helin schreibt als "Oberbürgermeister Philip Schneider" einen Brief.

Helin

Ein Blick durch den Türspalt

Philip Schneider stand am Abend auf, weil er etwas trinken wollte. Doch als er am Arbeitszimmer der Familie vorbei lief, blieb er stehen. Er konnte durch den Türspalt sehen, dass das Licht im Raum brannte. Es konnte sich aber kein Familienmitglied darin befinden, da alle schon schliefen. Nun wusste Philip nicht, ob er reingehen sollte oder nicht. Er holte tief Luft, griff mit seiner zitternden Hand zur Türklinke und öffnete die Tür. Als er sah, dass es das Büro vom Oberbürgermeister Mannheims war, konnte er seinen Augen nicht trauen. Ein cooler Tisch und ein drehbarer Stuhl standen Philip zur Verfügung. Voller Erstaunen las er ein Schild, auf dem sein Name stand. Er setzte sich hin und schaute in die Akten hinein, die vor ihm auf dem Tisch standen. Plötzlich hatte er eine Idee. Er begann, einen Brief an bekannte Mannheimer Firmen zu schreiben.

Sehr geehrte Damen, sehr geehrte Herren,

ich bitte Sie, diesen Brief aufmerksam zu lesen.

Ich, der Oberbürgermeister, möchte den Kindern von Mannheim eine Freude machen. Dafür benötige ich allerdings Ihre Unterstützung. Ich habe nämlich folgendes vor:

Alle offiziellen Kindergärten und Horte wurden von mir besucht. Ich habe die Kinder nach ihren Wünschen befragt. Diese sollen nun von Ihnen realisiert werden. Es gibt viele Kinder, die sich einen schöneren Hof wünschen. Manche von ihnen hätten gerne einen großen Swimmingpool, in dem alle reichlich Platz haben. Ein Junge möchte einen unterirdischen Tunnel, in dem man spielen kann. Was auch nicht fehlen darf, sind ein Klettergerüst und ein Sandkasten.

Andere Kinder wollen einen Bolzplatz und eine Anlage mit vielen verschiedenen Sportgeräten. Alle Kinder, ob im Kindergarten oder im Hort, sind von Karussells sehr angetan. Aber von Riesenrädern sind sie ebenso begeistert.

Helin

Natürlich gibt es noch viele andere Wünsche der Kinder. Doch die werde ich Ihnen dann genauer erklären, nachdem Sie sich bei mir gemeldet haben.
Für dieses Projekt braucht man ein hohes Arbeitspotential. Ich wünsche mir, dass auch Arbeitslose einen großen Teil davon übernehmen. Sie würden auch von mir gut bezahlt werden.

Ich bitte Sie darum, mir Bescheid zu geben, falls Sie mir helfen könnten und dieses Projekt unterstützen.

Mit freundlichen Grüßen

Philip Schneider (Oberbürgermeister)

Plötzlich wurde Philip aus seinem Traum gerissen. „Philip, steh auf! Du kommst sonst noch zu spät zum Unterricht! Und warum schläfst du eigentlich hier im Arbeitszimmer deines Vaters?", rief seine Mutter.

Philip hat bisher niemandem irgendetwas von seinem Traum erzählt und hat es auch nicht vor. Jedoch warum er es nicht sagen möchte, weiß er selbst noch nicht so genau.

Helin, 12 Jahre

Pascal

Pascal setzt sich für einen Kindergemeinderat ein.

Pascal

Kindergemeinderat

Wenn ich Oberbürgermeister wäre, würde ich das G8 an Gymnasien wieder abschaffen. Außerdem würde ich dafür sorgen, dass Kinder keinen Nachmittagsunterricht haben müssen, so dass alle Kinder wieder draußen spielen könnten.

Ich würde darauf achten, dass Vergleichsarbeiten niemals während einer Fußballweltmeisterschaft und schon gar nicht mitten im Sommer gemacht werden.

Die Fahrradwege würde ich auf jeden Fall verbessern, z.b. die von Käfertal zum Ludwig-Frank-Gymnasium.

Ich würde Fahrradpisten bauen und tolle Bolzplätze, so dass man richtig gut draußen spielen kann.

Als Oberbürgermeister würde ich einen Kindergemeinderat einführen. Dieser Kindergemeinderat sollte die anderen Kinder bei der Planung und Gestaltung von Lebensbereichen, welche sie betreffen, mit einbeziehen. Jeder Stadtteil sollte vertreten sein und jede Woche würde ich mit dem Kindergemeinderat tagen und mir seine Vorschläge anhören und sie ernst nehmen.

Pascal, 12 Jahre

Mit G8 ist nicht etwa die Gruppe der sieben führenden Industrieländer plus Russland gemeint, sondern das 2004 eingeführte achtjährige Gymnasium, das es den Gymnasiasten in Baden-Württemberg ermöglichen soll, bereits ein Jahr früher als bisher ihr Abitur zu machen. Es führt naturgemäß zu mehr Schulstunden pro Woche.

Manuel

Ein Kindertag im Jahr

Wenn ich Oberbürgermeister wäre, würde ich die Regenwälder schützen, damit die Tiere, die noch nicht entdeckt wurden, nicht aussterben. Ich würde auch die Hundesteuer erhöhen, damit sich die Leute keinen Hund mehr leisten können, damit die Straßen sauber bleiben.

Für die Schulen würde ich die Schuluniformen abschaffen. Wenn es über 25°C hat würde ich hitzefrei geben und einen Tag in der Woche einrichten, an dem die Kinder über die Lehrer bestimmen dürfen. Die Hausaufgaben und die Klassenarbeiten würde ich ganz abschaffen, stattdessen dürften alle Kinder das machen, was ihnen Spaß macht. Natürlich würde ich überall in der Stadt und vor allem auf den Schulgeländen Rauchverbot geben, denn Rauchen ist ungesund.

Umweltschutz wäre bei mir großgeschrieben, und ich würde darauf achten, dass die Stadt sauber bleibt. Außerdem würde ich keinen Eintritt in die Freizeitparks verlangen, denn das ist der einzige Ort in der Stadt, an dem man im Grünen ist und Erholung finden kann.

Da es einmal im Jahr einen Muttertag und einen Vatertag gibt, würde ich auch einmal im Jahr einen Kindertag einrichten. Außerdem dürften die Kinder Führerschein machen mit einem kostenlosen Auftanken im Monat.

Manuel

Ich würde mehr Fußball- und Spielplätze bauen und mehr Freibäder errichten. Die Schulhöfe würde ich öffnen, damit man in der freien Zeit dort spielen kann. Ich würde auch dafür sorgen, dass es mehr Grünflächen gibt.

Wenn ich Oberbürgermeister wäre, würde ich ein WM-Stadion in Mannheim bauen und einen größeren Flughafen, auf dem auch die großen Flugzeuge starten und landen könnten. Bei mir gäbe es keine Obdachlosen mehr, die auf der Straße herumlungern und schlafen müssen, für sie würde ich ein Obdachlosenheim bauen. Sonntags würde ich anordnen, dass die Geschäfte geöffnet haben. Außerdem gäbe es jeden Tag einen Markt, auf dem man alles kaufen kann, auch Spielsachen, nicht nur Lebensmittel und Blumen.

Manuel, 12 Jahre

Benjamin

Abenteuer pur

In Mannheim gibt es leider viel zu wenige Spielmöglichkeiten, wo sich die Kinder richtig austoben können. Als Bürgermeister würde ich Leute beauftragen, die einen ganz außergewöhnlichen, riesengroßen Spielplatz errichten, nämlich einen Abenteuerspielplatz. Der sollte ungefähr so aussehen:

Mehrere riesige Sandhügel und jeder Sandhügel hat besondere Eigenschaften, in dem ersten Hügel sollten Löcher sein, dass einem Schweitzer Käse ähnelt, durch den man gut durchklettern kann. Der zweite Hügel sollte oben ein großes Loch haben, wie bei einem Vulkan, in den man hinabsteigen kann und durch einen langen dunklen Gang wandern, der bis zum dritten Hügel führt aus dem man wieder herausklettern kann. Zudem würde ich mir noch eine lange, kurvenreiche Rutsche wünschen, die ca. 10 Kilometer lang sein soll und im Sommer als Wasserrutsche benutzt werden kann.

Daneben sollte sich noch ein meterhohes Raumschiff befinden, das die Kinder nur mit einer Leiter erreichen können. Sobald man es betritt, gehen viele bunte Lichter an. Im Raumschiff kann man auch übernachten wie auf einem Zeltplatz, es wäre die super Attraktion des Spielplatzes.

In der Kanzel gibt es ein kleines Kinderkino in dem sich die Kinder ihre Lieblingsfilme anschauen könnten. Zudem gebe es einen Irrgarten, der mit vielen Überraschungen ausgerüstet ist, wie z.B. dass es plötzlich an einer Stelle regnet, oder an einer anderen Stelle dichter Qualm auftaucht, durch den man sich hindurch kämpfen muss, oder der Boden wackelt plötzlich unter den Füßen.

Der Spielplatz sollte mitten im Wald und von Baumhäusern übersät sein, damit man von oben den Spielplatz unbehindert sehen kann. Von Baumhäusern schwingt man sich mit einer Liane zum Wikingerschiff, das natürlich auf einem Abenteuerspielplatz nicht fehlen darf. Das Wikinger-

Benjamin

schiff sollte mindestens 24 Ruder und 6 Kanonen an Deck haben. Der Spielplatz sollte im Sommer bis 21 Uhr zum Spielen geöffnet sein.

Das wäre mein Traum als Oberbürgermeister von Mannheim.

Benjamin, 12 Jahre

Benjamin weiß sehr genau, wie ein Abenteuerspielplatz aussehen sollte.

Jennifer

Jennifer fühlt sich durch die Sprungbretter im Herzogenriedpark von den Schulaufgaben abgelenkt - "total cool".

Jennifer

Streitereien sind voll doof

An Mannheim finde ich die Messe, das Freibad, den Herzogenriedpark und vor allem die KKG-Schule und die IGMH toll. Denn auf der Messe, kann man viele tolle Sachen fahren wie z.b. Magic. Aber blöd auf der Messe finde ich dass man mansche tolle Sachen nicht fahren kann weil ich noch zu jung bin, denn ich bin erst 10 Jahre.

Im Herzogenriedbad finde ich die Streitereien voll doof und wenn die Leute sich schubsen und drängeln. Aber ich finde die Schprungbretter total cool. Da ist man nähmlich von den Ganzen Aufgaben in der Schule abgelenkt. In der Schule finde ich die Arbeiten wo wir schreiben blöd und vor allem die Hausaufgaben. Aber mir gefällt die 70min. Pause, denn da gibt es viele AG. Die Gipser- und Entspannungs-AG finde ich total gut und in der Recycling Band machen wir auf gebrauchten Gegenständen Musik.

Wenn ich Oberbürgermeister wäre würde ich die ganzen Zigaretten verbieten und natürlich keine verkaufen. Im Herzogenriedbad würde ich die Leute, die anderen Menschen böse Schimpfworte sagen, in den Knast stecken. Und die Messe würde ich 5 Wochen stehen lassen. Dann würde ich sagen dass wir nie wieder Hausaufgaben aufbekommen. Den Eintritt für den Park und für das Schwimmbad würde ich 1 € verlangen.

Jennifer, 10 Jahre

Für Nicht-Mannheimer: Mit der Messe ist die „Mannemer Mess" gemeint, jeweils im Frühjahr und Herbst gut zwei Wochen lang als "Maimess" und "Oktobermess" durchgeführt. Sie findet auf dem Neuen Messplatz ganz in der Nähe von Jennifers Schule statt.

Die KKG ist die Käthe-Kollwitz-Grundschule, mit der IGMH ist die Integrierte Gesamtschule Mannheim-Herzogenried gemeint.

Timm und Alexander

Als ich ein kleiner Junge war

Ort: Mannheim - Jahr: 2006 - Zeit: 8.00 Uhr

Aktenkram, Anrufe und so weiter, schrecklich. Ich wurde zum Oberbürgermeister gewählt und ich bin gerade am Überlegen, wie man die Stadt Mannheim verbessern könnte. Ich dachte, die Stadt so freundlich und fröhlich wie möglich zu machen. Das heißt, es sollte mehr Grünflächen und Spielplätze mit Klettergerüsten und Schaukelanlagen mit Tunneln und vielen anderen tollen Sachen geben. Der Fußball sollte mehr zur Geltung kommen und es könnte ja auch ein neues Fußballstadion errichtet werden. Aber als ich so in meinen Träumen schwebe, klingelt plötzlich irgendein Wecker und ich wache auf. Es wäre ja auch zu schön gewesen, Oberbürgermeister zu sein. Schade, es war so ein schöner Traum.

Timm und Alexander planen einen Zoo.

Timm und Alexander

Ort: Mannheim - Jahr: 2016

Der neue Oberbürgermeister Timm Oettinger hat Mannheim in eine grüne, umweltfreundliche und kindergerechte Stadt verwandelt.

Ort: Mannheim- 10.6.2016 - Zeit: 12.00 Uhr

Der Oberbürgermeister hält eine Rede.

Meine Damen und Herren,
ich darf Ihnen mit großer Freude mitteilen, dass wir heute den Mannheimer Zoo im Unteren Luisenpark fertig gestellt haben, und verkünden, dass er, sobald er geöffnet hat, für die Patienten des Theresien-Krankenhauses und des Klinikums kostenlos sein wird. Er beherbergt ein Hai-Aquarium und ein Tigergehege, ein Elefantenhaus, ein Menschenaffenhaus, einen Streichelzoo, ein Freigehege für Bären und vieles, vieles mehr. Als ich ein kleiner Junge war, wollte ich immer in Mannheim einen Zoo haben und ich verspreche Ihnen, dass wir ihn noch weiter ausbauen werden.

Ort: Mannheim- 10.6.2016 - Zeit: 16.00 Uhr

Wieder im Büro des Oberbürgermeisters. Ich kann es immer noch nicht fassen, dass ich Oberbürgermeister bin. Es war schon immer mein Wunsch gewesen, die Stadt ein bisschen zu verändern.

Timm und **Alexander**, beide 12 Jahre

Philip

Philip will, dass Kinder fit und schlau sind.

Philip

Fit und schlau

An Mannheim gefällt mir ...
Ich finde das Projekt „Trink Dich fit und schlau mit Luise" gut, besonders, weil es keinen Abfall gibt. Die Kinderakademie gefällt mir gut, weil man viele Sachen basteln und bauen kann.

An Mannheim gefällt mir nicht ...
Ich finde die Hochhäuser nicht gut. An Mannheim gefällt mir gar nicht, dass Rauchen in Schulen immer noch nicht verboten ist. In der Uhlandschule sind Haupt- und Grundschule zusammen. Die Hauptschüler rauchen im Grundschuleingang.

Was ich machen würde ...
Ich würde Trinkpäckchen aus Pappe in den Schulen abschaffen, damit es nicht so viel Müll gibt. Wenn nämlich jeder von den 360 Schülern an meiner Schule drei Trinkpäckchen jeden Tag mitbringen würde, würden wir im Müll ersticken. Ich würde sagen, dass man entweder wiederverwendbare Flaschen mitbringen oder an dem Projekt „Trink Dich fit ..." mitmachen soll.

Ich würde einen Erlebnispark bauen lassen. Die Eintrittskosten für eine Jahreskarte würden 30 Euro für Erwachsene und für Kinder 25 Euro sein. Eine Achterbahn, eine Wasserbahn, ein Labyrinth und Kanus zum Paddeln müssen dabei sein. Den Erlebnispark würde ich auf den neuen Messplatz bauen lassen.

Philip, 7 Jahre

Für Nicht-Mannheimer: „Trink dich fit und schlau mit Luise" ist eine Gemeinschaftsaktion des Fachbereichs Gesundheit, der Grundschulen sowie des Trägers der kommunalen Trinkwasserversorgung in Mannheim.

Tom und David

Nur eine Verwechslung?

„Herr Oberbürgermeister, Herr Oberbürgermeister!" Was war das für eine Stimme? Ich machte meine Augen auf und sah zwei Reporter vor mir, die mich jetzt fragten: „Herr Oberbürgermeister, haben Sie etwa geschlafen?" Ich antwortete daraufhin: „Wieso *Herr Oberbürgermeister*? Da müssen Sie mich verwechselt haben." „Nein", sagte der eine Reporter. „Sie wurden gestern zum Oberbürgermeister gewählt, also - wie wollen Sie die Stadt Mannheim verbessern?" Ich sagte: „Also, ich würde auf jeden Fall mehr Arbeitsplätze schaffen, damit jeder Mensch Geld verdienen kann. Es sollten auch mehr Läden und Geschäfte entstehen, wo man billig einkaufen kann. Ich möchte auch den Sport fördern und deshalb

Tom und David würden als Oberbürgermeister mehr Arbeitsplätze schaffen.

Tom und David

sollten mehr Fußball- und Sportplätze gebaut werden. Dort sollten auch keine Kioske fehlen, damit sich die Sportler und Kinder Essen und Getränke kaufen können. Auf den Sportplätzen werde ich jeden Monat Teams gegeneinander spielen lassen. Das Gewinnerteam bekommt am Ende einen tollen Ball."

Der andere Reporter fragte: „Wie würden Sie sich für den Umweltschutz einsetzen?" Ich dachte kurz nach. „Ich würde z.b. mehr Grünflächen pflanzen lassen. Dort könnten Bürger dann spazieren gehen und sich ausruhen. Außerdem würde dann wieder etwas frische Luft erzeugt werden. Ein Autofahrverbot würde ich auch ein Mal im Monat einführen. Dieser autofreie Tag würde an einem Sonntag stattfinden, da sonntags weniger Verkehr herrscht. Von den Steuern würde ein kleiner Teil auch in den Regenwaldschutz fließen. Dieser wird stark abgeholzt, darum darf auch kein Regenwaldholz in meine Stadt geliefert werden. Um weniger Abgase zu produzieren, würde ich elektronische Autos für die Stadt vermieten, mit denen man dann durch die Stadt fahren würde. Mit normalen Autos dürfte man nur noch außerhalb der Stadt und auf der Autobahn fahren." „Danke für Ihr Interview, Herr Oberbürgermeister!"

Plötzlich wachte ich auf, es war leider alles nur ein Traum.

Tom und **David**, beide 12 Jahre

Nina (11) findet, Versprechen müssten eingehalten werden, und zwar gleich.

Nina

Versprechen sollte man halten

Es war Samstag, der Tag, an dem das große Stadtfest war. Auch ich, die Oberbürgermeisterin, war dort eingeladen, so wie auch alle Bürger und Bürgerinnen. Ich machte mich gleich nach dem Frühstück auf den Weg dorthin. Als ich dort ankam, fing die Menge auf einmal an zu tuscheln: „Weißt du noch, als die Oberbürgermeisterin versprochen hatte, einen Baum an die Stelle zu setzen, wo zu viel Sonne ist! Das hat sie bis jetzt noch nicht gemacht, das ist schon 30 Jahre her!" „Ja, und mir hat sie gesagt, dass auf unserem Spielplatz sauber gemacht wird, denn meine Kinder beschweren sich so oft. Das Versprechen hat sie auch nicht gehalten!" „Ich habe mich auch schon beschwert wegen der wenigen Wasserspielplätze in Mannheim. Am Vogelstangsee ist mal einer gewesen, der war toll, da bin ich als Kind gewesen. Der ist dann zugepflanzt worden!" „Bei uns werden auf den Spielplätzen auch immer wieder Spielgeräte von der Stadt entfernt und keine neuen mehr hingebaut!" „Wo sollen die Kinder dann hingehen? Es ist langweilig!"

Es schien, als wollten die Beschwerden kein Ende nehmen: „In den Ferien gibt es nur wenige Ferienangebote für den ganzen Ferienzeitraum. Wir machen meistens am Ferienende Urlaub, wo dann auch die Aktivitäten stattfinden. Am Anfang ist sehr wenig geboten!" „Ich bin berufstätig und meine Tochter hat schon ein paar Sachen allein in den Ferien gemacht, jedoch nur für einzelne Tage. Da muss sie dann immer alleine hinfahren, das geht leider nur mit der Bahn, obwohl wir viel und gerne Rad fahren. Aber das ist mir zu gefährlich! Es gibt nicht genug Radwege in Mannheim und oft enden diese direkt auf der Straße!" „Ich finde es unmöglich, dass Schwimmbäder geschlossen werden sollen, sie sind doch auch für den Spaß der Kinder. Das Hallenbad auf der Vogelstang ist ziemlich langweilig, nur normale Becken, keine Rutsche, da könnte was dazu gebaut werden, anstatt das Hallenbad schließen zu wollen." „Da muss ich aber das Herzogenriedbad mit seiner tollen Rutsche und dem schönen Kinderbecken und Spielplatz loben, da gehen meine Kinder am liebsten hin!"

Nina

Und so redeten die Leute immer weiter. Nach einer Stunde wurde es mir zuviel und ich fuhr nach Hause ins Rathaus. Dort dachte ich noch lange über die Sachen nach, die meine Bürger und Bürgerinnen erzählten. Am Abend rief ich meine Sekretärin zu mir und sagte zu ihr: „Schreiben Sie bitte alle Beschwerden, die die Bürger erzählten auf, denn ich möchte morgen um 10 Uhr eine Rede halten." Meine Sekretärin schrieb alles auf. Von mehr Hitzefrei bis hin zur Reinigung der Spielplätze. Sie schrieb noch bis spät in die Nacht alle Probleme auf, ich saß bei ihr und diktierte ihr alles. Gegen 12 Uhr Mitternacht gingen wir dann ins Bett.

Am Morgen des nächsten Tages klingelte mein Wecker schon um 6 Uhr, denn nach dem Frühstück musste ich mich noch auf die Rede vorbereiten. Um 10 Uhr ging ich auf den Balkon des Rathauses und fing die Rede an. Alle Bürger der Stadt waren informiert und standen auf dem Hof und hörten angestrengt zu. Am Ende der Rede sagte ich noch: „Und alle Probleme, die ich vorgelesen habe, werden bald gelöst und meine Versprechen eingehalten!"

Da freuten sich alle und klatschten mir Beifall.

Nach dieser schönen Rede hatte ich noch ein kleines Fest veranstaltet, damit meine Bürger und Bürgerinnen mir verzeihen. Und so feierten wir den ganzen Mittag.

Nach ein paar Monaten hatte ich dann alle Probleme gelöst.

Ergebnis: Wenn ich Oberbürgermeisterin wär' würde ich meine Versprechen **gleich** einhalten!

Nina, 11 Jahre

Nina

Nina hatte uns einen so interessanten Text zugeschickt, dass wir sie gerne näher kennen lernen wollten. Wir haben sie zuhause zu einem Interview besucht und gestaunt, wofür sie sich alles interessiert.

Nina, du kennst das Thema „Bürgermeister" schon von Benjamin Blümchen?
Ja. Dieser Bürgermeister ist gegen alles, was Benjamin sagt. Aber eigentlich ist das witzig. Der kann nämlich nicht wirklich wütend sein, nur ein bisschen. Aber er ist ein rechthaberischer Bürgermeister, das ist nicht nett.

Du hast von dir erzählt, was du alles für Hobbys hast.
Liest du eigentlich auch?
Ja, viel! Im Moment lese ich Krimis!

Kannst du da mal ein Beispiel nennen?
Ich lese die „Knickerbocker"-Krimis gerne und Bücher, in denen man lernt, wie man Detektiv wird.

Was oder wer sind denn die Knickerbockers?
Die Knickerbocker-Bande sind vier Kinder, die als Detektive Fälle lösen. Das ist eine Buchreihe von Thomas Brezina. Zur Zeit lese ich „Das Phantom der Schule". (Rasch läuft Nina in ihr Zimmer, kommt mit einem kleinen Stapel Druckwerke zurück und zeigt sie nacheinander vor.)

Das sieht alles sehr spannend aus! Was ist das hier?
Dies ist ein Buch in Englisch und Deutsch. Es heißt „Where is Mrs. Parker? Wo ist Mrs. Parker?" Da ist man Detektiv in zwei Sprachen.

Und dieses Buch klingt nach Naturwissenschaften.
Nein, „Einsteins beste Idee" ist ein Tierbuch. Es gehört zu einer ganzen Reihe, die „Tiere - Freunde fürs Leben" heißt. Einstein ist ein Hund, der klug ist, verlorene Sachen wiederfindet und so.-

Du hast mich überzeugt, du liest ja wirklich sehr viel. Wechseln wir mal zu einem anderen Hobby von dir: Sport.
(lebhaft) Ich will Einrad fahren lernen!

Nina

Das stelle ich mir ziemlich schwierig vor!
Och, wenn mich jemand an der Hand hält, kann ich schon.

Donnerwetter! Und was machst du sonst noch?
Fahrrad fahren! Da hab ich auch beim Agenda-Diplom mitgemacht, das waren mehrere Termine. Außerdem fahre ich zur Schule mit dem Rad, und wir machen Fahrradausflüge mit der Familie. Und wenn ich meine Freunde aus der Nachbarschaft treffe, spielen wir Basketball.

Nach allem, was ich vorher schon von dir gehört habe, war das sicher nicht alles.
Naja, ich mache Jazztanz im Turnverein Käfertal, TVK.

Andere Mädchen gehen ins Ballett.
Ballett mag ich nicht. Eine Freundin von mir besuchte das Mädchenturnen, daher kennen wir uns. Die hatte schon Jazztanz gemacht, und das machte mich neugierig. Darum bin ich auch dorthin. Ich bin auch bei der DLRG und fahre Inliner.

Die DLRG ist ein bekannter Verein!
Ich bin schon fünf Jahre Mitglied dort. Man lernt zum Beispiel, sich auf Eis zu bewegen, ohne einzubrechen. Das braucht man, um Menschen zu retten, die im Eis eingebrochen sind und Hilfe brauchen. Jedes Jahr mache ich ein Abzeichen, ich bin schon Junior-Retter! - Inliner fahr ich im Stadtteil, wo der Boden glatt genug dafür ist.

Du hast mir vorher schon erzählt, dass du gerne bastelst.
(lacht) Das ist praktisch, wenn man Geschenke braucht. Vor Weihnachten zum Beispiel oder vor dem Muttertag. Die Ideen hole ich mir überall. Ich schaue in Bastelheften nach, und wenn ich bei anderen was sehe, das mir gefällt, gucke ich es mir genau an.

Und das reicht dir, also das Angucken, dann kannst du es nachbauen?
Ja, dann gehe ich nach Hause und bastele es auch. Aber im Fernsehen gibt es ja auch Sendungen, wo gebastelt wird. Da kann man auch was lernen.

Nina

Wann warst du zum letzten Mal im Kino?
(überlegt einige Zeit) Das ist schon ein bisschen her. Aber ich habe Harry Potter gesehen und „Die wilden Hühner", außerdem „Ice Age" eins und zwei und noch ein paar. Wenn mir ein Film gefällt, gehe ich am liebsten mit Freundinnen zusammen rein. (gutmütig) Na gut, dem älteren von meinen kleinen Brüdern tue ich ab und zu einen Gefallen. Dann gehe ich mit ihm in einen Film, der für sein Alter ist.

Wie kamst du in die Theatergruppe?
Die ist an der Schule. In der Gruppe bin ich seit einem Jahr. Früher ging ich in den Schulchor, aber dann bin ich umgestiegen. Wir üben gerade „Herr der Diebe" ein. Und vor kurzem haben wir beim Schulfest einen „Französisch-Unterricht" gespielt. (grinst) Das hat gut geklappt und Spaß gemacht!

So, jetzt sind wir die vielen, vielen Hobbys von dir durchgegangen. Haben wir auch nichts vergessen?
Doch. Ich spiele auch Flöte. Genauer gesagt muss das jetzt ein bisschen warten, weil ich grade Gitarre lerne. Mit Flöte habe ich angefangen, als ich etwa acht war. Das hatte ich im Chor entdeckt. Eine vom Chor schenkte mir ihre Flöte, mit der sie nicht mehr spielte. Aber inzwischen habe ich eine neue, die ich mir gewünscht habe. Damals bekam ich dann Lust aufs Flötespielen. Ich hab sogar mal bei einem Chor-Musical einen Einsatz mit der Flöte gehabt. - Und jetzt hat dann eine Gitarren-AG an der Schule angefangen. Da lerne ich Gitarre, und so lange spiele ich Flöte in der Schule im Musikunterricht.-

Hast du bei deinen vielen Interessen eigentlich noch genug Zeit für deine Freundinnen?
Meine Freundinnen haben nicht immer auch so viele Hobbys wie ich. Aber Musik, Schwimmen und Tiere sind mir schon sehr wichtig. Wir tauschen halt unsere Erfahrungen aus und geben uns gegenseitig Tipps.

Wenden wir uns noch einmal dem Thema „Oberbürgermeister" zu. Was wäre dir das Wichtigste, worauf würdest du als Oberbürgermeisterin achten?
Ich finde, auf jeden Fall sollte ein Oberbürgermeister nett sein, nicht immer nur streng. Die Bürger sollten ihn mögen.

Nina

Wenn es in Mannheim einen Kinder-Oberbürgermeister gäbe - fändest du das gut?
Ich würde mich zur Wahl stellen. Dann könnte ich meine Vorschläge zur Verbesserung direkt machen. Sonst dürfen Kinder ja oft nichts sagen. Aber mit meinen vielen Hobbys mache ich ja auch viele Erfahrungen, also lerne dadurch. Da könnte ich dann gut mitreden, weil ich mich in vielem auskenne.

Darf ein Oberbürgermeister eigentlich auch mal was Verrücktes machen, etwas Ausgefallenes?
Das würde mir gefallen! Ich würde mich verkleiden und würde nicht gleich erkannt werden. Dann könnte ich die Bürger beobachten und gucken, was sie brauchen, weil ich auf diese Weise anders mit ihnen zusammentreffen würde.

Darf ein Oberbürgermeister bestimmte Sachen nicht tun? Hat er wegen seiner Stellung Nachteile?
(denkt nach) Ich weiß nicht so genau. Aber ich glaub, für seine Familie hat er wenig Zeit.

Gefällt dir Mannheim?
Ich finde die Parks sehr gut, weil ich gerne Abenteuer erlebe. Da gibt es Klettergerüste, Spielgeräte und vieles mehr. Es ist auch so viel Platz, mit der Familie kann man eine Menge machen dort. Die Seen auf der Vogelstang sind auch schön. Nur für den Winter fehlt etwas, wo man hingehen könnte. Vielleicht ein Winterpark? Aber er dürfte nicht im Freien sein.

Wenn du als Oberhaupt der Stadt eine Rede zu halten hättest, was würdest du den Bürgern sagen?
Die Luft in Mannheim ist nicht so toll. Ich würde sie vielleicht auffordern, in der Stadt weniger Auto zu fahren. Und ich würde allen Bürgern danken, die hilfsbereit sind.

Nina, erst einmal dir herzlichen Dank für das interessante Gespräch.

Lustiger Zirkus

Bei Margarethe (12) ist das Rathaus groß, bunt und mit viel Grün davor.

Yener, Simon und Mustafa

50 Cent und Recht für alle

Ich würde alle Fußball- und Spielplätze schöner machen. Auf die Plätze würde ich einen Kiosk bauen lassen, in dem Leute, die den Spielplatz besuchen kommen, sich etwas kaufen können Eis, Pommes oder Pizza.

Ich würde neue Gummifußballplätze mit Stahltoren, die Netze besitzen, kaufen lassen. Auf den Fußballplätzen ist das Spielfeld aufgezeichnet, so dass man wie die echten Fußballer spielen kann. Es sollen immer zwei Fußballtore und zwei Basketballkörbe gebaut werden. Es soll immer zwei Fußballplätze geben. Auf dem einen spielen die Großen und auf dem anderen die Kleinen.

Damit der Ball nicht herausgeschossen werden kann, lasse ich ein großes Gitter um den Fußballplatz anbauen. Getränkeautomaten dürfen nicht fehlen. Wenn es spannende Spiele geben wird, sind außen herum genug Bänke für alle da, dass auch alle zuschauen können. Der Eintritt ist natürlich frei. Wenn man keinen Fußball hat, kann man sich einen vom Kiosk leihen. Wenn man mit seinem Team gewinnt, bekommt man ein Freigetränk vom Kiosk. Auch würde ich Wrestlingarenen anbauen. Hier dürfen echte Wrestler und ein Ringrichter nicht fehlen. Diese Plätze sollen umzäunt und von den anderen getrennt sein, damit die Wrestler die kleinen Kinder nicht treffen. Und die Arenen sollten in einer Halle sein.

Schaukeln und eine Rutsche dürfen auf einem Spielplatz nicht fehlen. Ein großes Klettergerüst für die Kinder muss auf jeden Fall gebaut werden, damit die Kinder schön spielen können. Damit aber auch die ganz Kleinen Spaß haben, wird ein Sandkasten zur Verfügung stehen. Eine riesige Rutsche gehört natürlich immer dazu, deswegen darf sie bei den Spielplätzen nicht fehlen. Es soll auch ein großes Feld geben. Darauf

Yener, Simon und Mustafa

wird jedes Wochenende eine Wasserbombenschlacht stattfinden. Die Gewinner der Schlacht bekommen Süßigkeiten im Wert von fünfzig Cent geschenkt.

Ich würde auf jedem Spielplatz Rauchverbot geben. Und einen Fahrradplatz würde ich auch um den Spielplatz bauen, damit die kleinen Kinder Fahrradfahren lernen könnten. Außerdem gäbe es einen Platz für Skateboard-Fahrer und einen Platz für Inliner-Fahrer. Ein Schachfeld für die größeren Kinder sollte auf jeden Fall auf dem Spielplatz sein und riesige Schachfiguren, mit denen sie spielen können. Rund herum werde ich einen Zaun aufstellen lassen, an dem viele schöne Blumen entlang wachsen. Überhaupt wird es auf dem Spielplatz viele Pflanzen geben, aber keine, die giftig sind.

Auf allen Plätzen gibt es keine Altersbeschränkung, denn jeder hat das Recht auf ein Spieleland. Für die Mütter und Väter werden ganz viele Bänke zur Verfügung stehen und es werden auch viele Picknick-Plätze zu finden sein. Mülleimer stehen auch dort und sie werden jeden Tag geleert.

So sollte jeder Fußballplatz und jeder Spielplatz in Mannheim aussehen, wenn ich Bürgermeister wär`....

Yener, **Simon** und **Mustafa**,
alle 12 Jahre

Alexander

Fahrradstadt

Ich würde Mannheim zu einer Fahrradstadt machen.

Bei der Geburt eines Kindes würde die Stadt der Familie ein Fahrrad schenken, damit jede Familie sportlich bleibt und die Umwelt geschont wird. Damit jedes Kind gut Fahrrad fahren kann, würde ich Fahrradfahrschulen bauen, die man kostenlos besuchen kann. Hier würden die Kinder auch alle Verkehrsregeln lernen.

Wer Rad fährt, schont die Umwelt. Wenn drei Viertel aller Menschen in Mannheim auf das Fahrrad umsteigen und die Autos nur noch für längere Strecken benutzt werden würden, dann gäbe es nicht so eine hohe Luftverschmutzung. Außerdem fördert Fahrradfahren die Kondition und beugt der Gewichtszunahme vor. Man befindet sich an der frischen Luft. Das Fahrradfahren ist auch gut für das Sozialverhalten. Man lernt andere Fahrradfahrer kennen und kann sich mit ihnen unterhalten.

Alexander wünscht sich sportliche Familien.

Alexander

Ich würde für Fahrrad-Parkhäuser und breitere Radwege sorgen. Überall in der Stadt würde ich Fahrrad-Reparaturstellen einrichten, bei denen man sein Fahrrad auch reinigen und pflegen kann. Die Nahverkehrsmittel könnten 50 Fahrräder mitnehmen, denn auch sie kann man für längere Strecken nutzen. Außerdem würde ich kostenlose Fahrradausleih-Stationen in der ganzen Stadt verteilen. Ich würde große Firmen um Fahrradspenden bitten.

Mehrmals im Jahr würde ich große Fahrradturniere veranstalten. Ich würde interessante Fahrradtouren ausarbeiten lassen und sie in der Tageszeitung veröffentlichen. Außerdem würde ich Familien dazu auffordern, Ausflüge mit dem Fahrrad zu unternehmen. Wettbewerbe über das schönste oder originellste Fahrrad wären auch denkbar. Menschen, die eine hohe Kilometerzahl auf dem Fahrrad nachweisen können, würde ich öffentlich auszeichnen.

Im Winter, wenn alle Straßen mit Schnee bedeckt sind, würden jede Stunde Schneefahrzeuge im Einsatz sein, die während des Schneeschiebens auch Sand und Split streuen könnten, damit man auch in der kalten Jahreszeit gefahrlos das Fahrrad benutzen kann.

Ebenfalls würde ich eine große Rede halten, in der es um den Schutz des Regenwaldes ginge. Ich würde erklären, wie wichtig es ist, den Regenwald zu behalten, denn ohne ihn würde es die Hälfte der Menschen nicht geben, denn er ist der größte Sauerstoffspender der Erde. Nach der Rede würde ich ein Benefiz-Konzert für den Regenwald organisieren.

Alexander, 12 Jahre

Daria

Wenn es nach Daria ginge, wäre ihr Schulhof ein einziger großer Spielplatz, das wäre toll für die Kinder. Bei der Gestaltung der Stadt sollte jeder mitbestimmen, sodass sie jedem gefällt.

Daria

Mehr Spielplätze bitte!

Hi, ich bin Daria aus Mannheim. Soll ich euch etwas über Mannheim erzählen. Auf, dann lege ich los!

Mannheim, Mannheim ist, naya wie soll ichs sagen, es gibt Spielplätze. Spielplätze sind etwas Tolles für Kinder. In der Schule oweh, die Lehrer(innen) setzen sich immer auf den Schreibtisch und Kinder dürfen sich nur auf die Stühle setzen.

Meiner Meinung nach gibt es zu wenig Spielplätze. Also wenn ich Oberbürgermeister wäre, würde ich: mehr Spielplätze bauen, am Marktplatz mehr Bäume anpflanzen, hintern Marktplatz die Straßen sauberer halten und am Planetarium den Platz größer und interessanter gestalten. Natürlich würde ich ab 25 Grad hitzefrei geben.

Ich würde dafür sorgen, dass Mannheim so gestaltet wird, dass die Stadt jedem gefällt und jeder sollte mitbestimmen. Das aber Wichtigste gilt für die ganze Welt: Ich würde die Autos abschaffen.

Aber auch mir gefällt es in Mannheim so wie es ist. Zum Beispiel finde ich gut, dass man schnell zu den Geschäften rennen kann, wenn man etwas vergessen hat. Es gibt auch andere Gründe, also heißt es, dass ich hier bleibe.

Daria

Kevin

Kevin hat ein außergewöhnliches Hobby.

Kevin

Mit fünfeinhalb fing es an

Kevin, acht Jahre, Fotograf. Ein Portrait

Kevin ist acht Jahre alt und Fotograf. - Fotograf? Also gut, fangen wir anders an: Er ist ein ganz normaler Junge, der gerne Computer spielt und coole Sprüche drauf hat. Er mag Reisen, beschäftigt sich mit Technik und hat schon einen eigenen Internetauftritt. Ein ganz normaler Junge. Ja, eigentlich schon.

Natürlich besucht Kevin auch die Schule und geht ganz normalen Hobbys und Interessen nach. Bei der Fußball-WM saß er wie seine Klassenkameraden vor dem Fernseher - „Ich war ganz schön aufgeregt" - und fieberte mit der deutschen Nationalelf. Natürlich kickt Kevin auch selber. Natürlich kennt er sich wie alle Jungen seines Alters mit diesen tragbaren elektronischen Spielgeräten aus und sitzt davor, redet seinem virtuellen Hund gut zu und führt ihn Gassi.

Naja. Er hat einen Vater, der darauf schaut, was sein Sprössling so treibt. Und der dafür sorgt, dass Sohnemann sich auch gut mit dem auskennt, was er sein Eigen nennt. Mit seinen Technikbaukästen beschäftigt der sich so intensiv, dass er ihre Möglichkeiten schon nach jeweils kurzer Zeit ausgereizt hat. Das führt dazu, dass ein altes Radio in der Wohnung nicht nur in der Ecke herumsteht. Irgendwie ist nichts vor ihm sicher: Kevin baut das Ding auseinander (und auch leidlich wieder zusammen) und macht dabei seine eigenständigen Erfahrungen.

Klar, Technik! Typisch Junge eben? Kevin ist durchaus vielseitig interessiert und lernt (hätte man nun damit gerechnet?) Klavier spielen. Bei wem - nun, das zu raten ist nicht schwer; Kevin braucht dazu nicht aus dem Haus gehen. Zu anderen Unternehmungen tut er das dann aber doch: Bei den Mannheimer Umweltdetektiven vom BUND war er dabei, zum Beispiel. Und um nur noch ein weiteres seiner Hobbys zu nennen: Beim Lesewettbewerb der Mannheimer Grundschulen belegte er als Drittklässler stadtweit den vierten Platz.

Kevin

Der junge Mann hat also mehr drauf, als stundenlang mit Technik zu tüfteln oder nur vor der Spielekonsole herumzuhängen. Er liest gerne und viel. Und versteht etwas davon, wie man selbständig im Internet nach einem Thema sucht, das einen interessiert. Freilich, er hat den Vorteil, dass sein Vater in diesen Dingen gewissermaßen Fachmann ist und ihm mit Rat und Tat zur Seite steht. Deswegen bleibt es eben auch nicht bei Spielereien und bloßem Zeitvertreib.

So nähern wir uns langsam dem Interessensgebiet, das schon einen ziemlichen Teil seiner Freizeit ausmacht. Am Computer weiß er bereits, wie man mit einer Bildbearbeitungssoftware umgeht. Und das kommt nicht von ungefähr. Denn für Bilder sorgt er selber. Nein, er malt nicht mit Bunt- oder Filzstiften wie andere Achtjährige, Fotos sind gemeint. Er fotografiert nämlich. Genau, wir sagten es oben schon. Auf seiner Website steht: „Freier Fotograf".

Kevin tritt in die Fußstapfen seines Vaters und ist der jüngste Fotograf bei der freien Kunstakademie Amescada, Bereich Photography, und genießt somit bei seinem Haupt-Hobby optimale Förderung. Als er vier Jahre alt war, hielt er zum ersten Mal einen Fotoapparat in der Hand, mit fünfeinhalb begann er richtig zu fotografieren. Heute ist er stolz auf seine EOS 20d, ein richtig professionelles Gerät, mit dem er zu eigenständigen Fototouren aufbricht und sogar schon kleinere Aufträge von Kunden annimmt und ausführt. Seine bevorzugten Fotoobjekte? „Alles, was selten ist."

Na komm, Kevin, das ist ein bisschen allgemein, nicht? Der junge Künstler lächelt und lässt sich erweichen. Alte Eisenbahnen hat er schon fotografiert, lange Schiffe und sowas. Man muss ihm das hier ein bisschen aus der Nase ziehen. Kevin prahlt weder mit seinen Ambitionen noch läuft er eifrig und zeigt die tolle Kamera vor. Im Frühjahr, richtig, da war er mal auf Tour im Hafengelände. Die alten Sachen dort hatten es ihm angetan. Außerdem war da noch dieses Konzert in der Marktplatzkirche bei der langen Nacht der Museen. Kevin hatte die Kamera dabei und hat draufgehalten. Seine Fotos wurden so gut, dass der Chor sich dafür interessierte ...

Kevin

Kulissenwechsel. Kevins Ansichten zum Thema „Oberbürgermeister"? Die Antworten kommen sachlich und nüchtern. Tja, so ein Stadtoberhaupt hat's gut, der kann alles umsetzen, was er will. Dabei trägt er allerdings große Verantwortung: „Der muss aufpassen, dass er keine Fehler macht!" Ein hohes Amt fordert hohes Pflichtbewusstsein. Das ist Kevin offenbar sehr bewusst, denn in seinen Augen ist wichtig, dass ein Oberbürgermeister für Dinge sorgt, die vielen zugute kommen. Straßen. Ampeln. Hotels auch, „damit andere Leute nach Mannheim reisen". Alle Menschen sollten Arbeit haben, damit sie selbst Geld verdienen. Und nicht der Vorteil weniger Menschen ist wichtig, sondern das Allgemeinwohl: Mietshäuser haben Priorität vor einzeln stehenden Häusern, weil Einzelhäuser mehr Platz verbrauchen und für viele zu teuer sind.

Spielplätze sollte es viele geben, gut verteilt: „In jeder Straße einen ganz kleinen, und in weiteren Abständen größere." Wichtig wäre, dass Spielsachen vor Ort sind, Schaufel und Eimer und so weiter. Aber festgekettet, damit sie nicht einfach jemand mitnimmt. Wenn dann nicht Spielzeug für alle da ist, sollten die Kinder eben „zusammenarbeiten, sich absprechen", das geht doch.

Orte müssten aber nicht konventionell sein, um dort spielen zu können und Spaß zu haben. Begeistert erzählt Kevin von einem Urlaub in Spanien; dort lernten sie ein altes Haus kennen, das extra für Kinder hergerichtet worden war. Ein Paradies! Oder alte Markthallen, in denen Kinder herumstreiften, während ihre Eltern direkt nebenan im Café saßen. So etwas in Mannheim, das wäre schon klasse. Überhaupt könnte eine Stadt mehr für das Spiel der Kinder tun. Jährlich jedem Kind zehn Euro aufs Konto überweisen - na, wie wär's damit?

Bei aller Entscheidungsmacht und trotz großen Verantwortungsbewusstseins im höchsten Amt einer Stadt: Kevin findet es richtig, dass ein Oberbürgermeister gewisse Dinge nicht bestimmen kann, da nämlich, wo es die Leute ganz persönlich betrifft. So sollte jemand nicht gezwungen werden können, irgendwo wegzuziehen, weil dort etwas neu gebaut werden soll.

Kevin

Weitere Ideen zur Stadtgestaltung? Oho, der junge Künstler denkt sehr kreativ und wird jetzt richtig lebhaft. Seine Perspektive wandelt sich, als richte er nun eine imaginäre Kamera von oben auf sein Modell von Stadt. Und er zeigt seine Bilder vor, die er im Kopf hat, gut belichtet, farbenfroh und mit beachtlicher Tiefenschärfe. Es müsste viele Plätze für das Zusammenleben und -treffen von Menschen geben, so wie in südlichen Ländern eben, wo niemand abgeschottet in seiner Wohnung sitzt und sich alle auf der Straße treffen! Die Flüsse müssten sauberer sein, findet er, und dann Strände geschaffen werden, an denen man baden kann. Ein reger Bootsverkehr würde Leben aufs Wasser bringen. Bootswettrennen wären toll, ferngesteuerte Modellschiffe würden eine Menge Spaß machen. Jede Woche müsste übrigens ein Wettkampf im Steinehüpfen am Wasser stattfinden! Kinder können das gut, flache Steine übers Wasser hüpfen lassen, und ihre Eltern würden vielleicht gerne mal mitmachen …

In einem „zweiten Luisenpark" wären dem Erlebnisangebot mit Tieren keine Grenzen gesetzt. Bei einem Fangspiel mit Schmetterlingen erhielte man einen Kescher und 20 Tüten, in die man die Schmetterlinge hineintut. Viele Tiere würden gezeigt, Igel vielleicht und Fischotter; eine Verkaufsstelle für Haustiere würde von Kindern sicher viel genutzt. Unter Anleitung könnte man sich selbst Honig abfüllen und bekäme bei jedem Einkauf als Anreiz noch eine Biene extra dazu.

Kein Zweifel, in einer erfinderisch gestalteten Stadt mit vielen Angeboten für alle gäbe es auch eine Menge Motive zum Fotografieren. Die Motivation dafür ist jedenfalls bereits da.

Virginia

Mein Freund, der Baum

„Ich wünsche mir Bäume in der ganzen Stadt."

Virginia, 6 Jahre

Eleni

Keine schnelle Lösung

„Hallo, Herr Oberbürgermeister. Sie wissen sicher, dass die ganze Stadt gespannt ist, was für Pläne Sie gegen die Arbeitslosigkeit geschmiedet haben, weil Sie ja letzte Woche in einem Interview versprochen haben, sich etwas gegen die Arbeitslosigkeit einfallen zu lassen. Nun, wie lauten Ihre Denkergebnisse?"

„Also, ich habe mir viele Gedanken darüber gemacht, wie mehr Menschen wieder eine Arbeit kriegen können. Ich denke, es gibt viele Möglichkeiten, die zum Teil auch sehr einfach sind, auf die wir aber aus irgendwelchen Gründen bisher nicht gekommen sind. Es wäre doch z.B. gut, wenn man die vielen Roboter und Elektromaschinen abschafft und dafür Menschen arbeiten lässt. Habe ich nicht Recht?"

„Ja, diese Lösung ist sehr klug! Haben Sie noch weitere Vorschläge? Ich meine, das wird ja wohl nicht der einzige gewesen sein, oder?"

„Nein, natürlich nicht. Ich habe mir überlegt, dass es zu viele arbeitsuchende Menschen, vor allem junge gibt und zu wenige Arbeitsplätze. Deshalb müssen wir vielleicht ein paar Leute entlassen. Damit meine ich, dass z.B. Leute ab 60 Jahre in Rente gehen müssen, damit mehr Plätze für junge Leute frei werden. Ein weiteres großes Problem ist meiner Beobachtung nach, dass viele Firmen ins Ausland gehen, weil sie dort ihre Waren billiger produzieren können."

„Haben Sie dafür auch eine Lösung?"

„Es tut mir Leid, wenn ich Sie enttäuschen muss, aber dafür habe ich noch nicht die richtige Lösung. Natürlich müsste man den Firmen attraktive Angebote machen, eben doch zu bleiben und ihre Waren hier herzustellen. Aber ich befürchte, dass wir da kaum Chancen haben."

„Schade! Denn wenn dies unser Hauptproblem ist, sollten wir so schnell wie möglich darüber nachdenken."

Eleni

„Ich weiß. Trotzdem fällt mir dazu im Moment noch nichts ein. Aber ich habe mir auch darüber Gedanken gemacht, dass viele Jugendliche keinen guten Beruf ausüben wollen, weil es ihnen einfach zu stressig ist sich anzustrengen und sie etwas "Besseres" zu tun haben als zu lernen. Das finde ich ziemlich dumm, denn ich vertrete das Motto "Mehr Bildung für mehr Arbeitsplätze!" Das muss man den Jugendlichen klar machen."

„Ja, das ist richtig. Aber die meisten interessieren sich nicht dafür."

„Ganz genau. Sie bringen es auf den Punkt. Aber ich gebe die Hoffnung nicht auf!"

„Herr Oberbürgermeister, wir bedanken uns für das Interview und wünschen Ihnen viel Erfolg bei der Verwirklichung Ihrer Pläne."

Eleni, 12 Jahre

Yasmine

Eine Frau ganz oben

Es ist 6.00 Uhr morgens. Der Wecker klingelt. Schnell schalte ich ihn aus und schlafe wieder ein. Plötzlich höre ich Schritte, sehr aufdringliche Schritte, bis jemand die Tür aufmacht und sagt: „Aufwachen! Es ist schon 7.00 Uhr!"

Es ist meine Chauffeurin Sonja und sie hat Recht. Ich habe viel zu tun, um 7.30 Uhr habe ich einen Termin mit der Zeitung. Es kommt ein Redakteur und wird mich interviewen, zum Thema „Zum ersten Mal eine Frau ganz oben!" Ja, ich bin seit einer Woche Oberbürgermeisterin. Und es ist nicht leicht. Ich habe noch viel zu tun.

Inzwischen habe ich in mein Kostüm angezogen und schon kommt wieder Sonja, um Bescheid zu sagen, dass der Redakteur schon da sei und

Yasmines Ideen werden sie viel Arbeit kosten.

Yasmine

in meinem Büro auf mich warte. Schnell mache ich mir eine langweilige, konservative Frisur, gebe etwas Make-up auf mein Gesicht, ziehe mir die Lippen mit einem blassen Lippenstift nach und gehe in mein Büro.

Ich begrüße ihn und bitte ihn, sich hinzusetzen.

Er beginnt: „Frau Amal, wie fühlen Sie sich als Oberbürgermeister?"

„Das ist alles ein bisschen stressig, früh aufstehen, alberne Frisuren, konservative Kleidung, aber sonst ganz gut", antwortete ich.

„Was werden Sie ändern?"

„Als erstes werde ich die Umwelt verbessern, ein Projekt starten: „Schutz für den Regenwald" und ein Einfuhr- und Verkaufsverbot von tropischen Hölzer erlassen. Ich will billige Sonnenenergie einführen, mehr Grünflächen anlegen lassen, einen Nationalpark einrichten, Rauchverbot in der ganzen Stadt einführen, Schnellrestaurants abschaffen. Und ich werde ein Autofahrverbot am Sonntag verhängen oder nur mit Sonnenenergie fahrbare Autos erlauben. Ich muss für mehr Arbeitsplätze sorgen."

„Sie haben ja eine Menge Ideen, das wird Sie viel Arbeit kosten. Ich bedanke mich für das Interview und wünsche Ihnen einen schönen Tag."

„Danke gleichfalls."

Ja, ich habe viel zu tun, aber genauso werde ich es machen.

Yasmine, 12 Jahre

Massimo

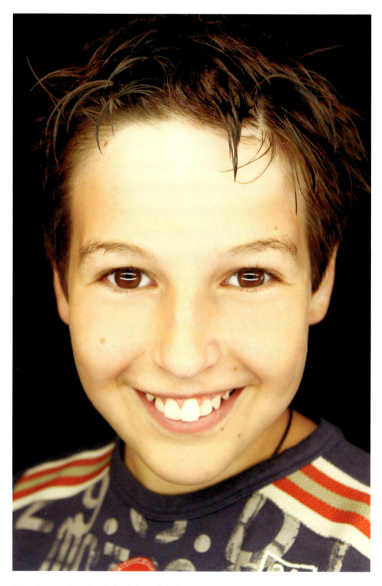

Massimo wünscht sich viele zufriedene Bürger.

Massimo

Schöne gepflegte Stadt

Ich würde Spielhallen für Kinder bauen. Mich für den Wiederaufbau des Friedrich-Parks einsetzen. Wenn Kinder länger als 13.10 Uhr Schule hätten dürften sie keine Hausaufgaben bekommen. Es gäbe genug Busse und Bahnen auf den Schulwegen. Die Schulhefte für Kinder bis 18 Jahren wären kostenfrei. Die Schulfächer wären so ausgerichtet, dass gleiche Fächer an einem Tag stadtfinden, z.B. E E E E Mu Mu. Ich würde die Sprittkosten senken. Danach würde ich mehr Parks für Kinder bauen lassen. Dann würde ich Eintritt für jeden Schüler, der einen Schülerausweis vorweisen kann, der Preis in allem senken. Ich würde mich dafür einsetzen, dass die Gymnasien wieder 9 Jahre haben. Kinder dürften ihre Handy's mitnehmen aber müssten sie während dem Unterricht ausschalten. Nachdem würde ich mich für die Lernförderung der Schüler einsetzen. Als nächstes würde ich mehr Arbeitsplätze für Erwachsene schaffen, außerdem würde ich jede Mannheimer Schule renovieren lassen. Danach würde ich die Neckarwiese als Freizeitpark zum relaxen anlegen. Ich würde auch dafür sorgen, dass der ICE weiterhin in Mannheim anhält. Dann würde ich dafür sorgen, dass die Stadt sauber bleibt und ich würde mir Zeit für die Fragen meiner Bürger nehmen.

So würde ich mir das als Bürgermeister vorstellen, eine schöne gepflegte Stadt mit vielen zufriedenen Bürgern.

Massimo

Für Nicht-Mannheimer: Im traditionsreichen Eisstadion am Friedrichspark haben die Eishockeyspieler des MERC, heute Mannheimer Adler, ihre größten Triumphe gefeiert und errangen 1980, 1997, 1998, 1999 und 2001 den deutschen Meistertitel. 2005 fand der Umzug vom baufällig gewordenen Stadion in die neu gebaute Arena statt, eine Multifunktionshalle auf freiem Feld im Mannheimer Osten in unmittelbarer Nähe des Maimarktgeländes. Die Fans der Mannheimer Adler begingen den Abschied vom alten Stadion wie ein Begräbnis.

Sauber, sauber! Ein Fest

Der Oberbürgermeister im Kinderhaus

Der jungen Frau fällt das Reden anfänglich nicht so leicht. Sie ist aufgeregt und ringt zunächst um Worte. Doch sind die Zustände, die sie beschreibt, tatsächlich untragbar. Außerdem geht es offensichtlich um ihr Kind, darum hat sie sich ein Herz gefasst. Geholfen hat ihr dabei auch, dass es sich um eine Bürgersprechstunde handelt, in der keine Bürgerin und kein Bürger abgewiesen wird. Ja, wirklich, man hat direkten Zugang zum Oberbürgermeister; er nimmt sich Zeit für jedes Anliegen und hört sich jede Beschwerde an.

Die Szene ist gespielt, aber echt. Das kommt so: Eine Gruppe Hortkinder aus einem Kinderhaus hat sich für das Thema „Wenn ich Oberbürgermeister wär'" interessiert. Wer aber hat schon mal das Stadtoberhaupt selber gesehen, gar mit ihm gesprochen? Wer weiß schon wirklich, was der zu tun hat, wie sein Tagesablauf aussieht? Kommt man überhaupt an den ran? Läuft der mit Bodyguards herum?

Erzieherinnen und Erzieher sind einfallsreiche Leute - Kinder auch. Manche Fragestellungen und Aufgaben werden mit einem Spiel greifbar, einem Rollenspiel. Ohne Bühnenbild und Kostüme, auswendig gelernte Dialoge oder aufwendige Requisiten und vor allem ohne Publikum schlüpfen die Kinder in die „Haut" anderer Menschen, stellen Situationen nach oder erfinden sie neu. Das passiert übrigens auch im spontanen kindlichen Spiel, etwa wenn Kinder „Einkaufen" spielen, auf dem Sportplatz ein berühmter Fußballer „sind" usw.

Ein Saubermachfest

Eine Oberbürgermeisterin?

Erzieherinnen berichten, wie die Kinder diskutieren

Die Ausschreibung „Wenn ich Oberbürgermeister wär' ...", haben wir den Hortkindern in der wöchentlichen Kinderkonferenz vorgestellt. Die Kinder zeigten sofort Interesse. Einige wussten, dass es auch in Mannheim einen Oberbürgermeister gibt, andere hatten noch nie etwas von einem solchen gehört, verschiedene kannten den Namen des Stadtoberhauptes, wenige wussten etwas über seine Funktion. Im Gespräch erklärten sie sich untereinander, dass ein Oberbürgermeister „etwas zu sagen hat" und „dass er für die Menschen etwas Gutes tun sollte". Die Erzieherinnen ermunterten die Kinder, ihre Ideen dazu im Brainstorming aufzuschreiben.

Danach sollten sich die Kinder verkleiden und ihre Ideen im Rollenspiel als OberbürgermeisterIn darstellen. In der Vorbereitungsphase diskutierten einige Kinder darüber, ob denn auch Mädchen Oberbürgermeister sein könnten. Einige Jungen waren strikt dagegen, die Mädchen widersprachen solchen Vorstellungen und es entstand ein hitziger Disput. Die Erzieherinnen forderten die Kinder auf, es einfach mal auszuprobieren und in die Rolle eines Oberbürgermeisters oder einer Oberbürgermeisterin zu schlüpfen.

Drei Kinder kamen auf die Idee, am einfachsten wäre es doch, wenn es beide, einen Oberbürgermeister und eine Oberbürgermeisterin, geben würde. Dann könnten sie einander kontrollieren und schauen, ob auch wirklich das Richtige für die Menschen veranlasst werden würde. Außerdem gebe es in Königreichen ja auch immer einen König und eine Königin.

Ein Saubermachfest

Angelo (und, siehe rechts, Alina) spielten Oberbürgermeister und Oberbürgermeisterin.

Ein Saubermachfest

Wollen wir doch mal sehen!

Ein Rollenspiel

Mitspieler:
Die Oberbürgermeisterin (**Alina**, 7 Jahre),
der Oberbürgermeister (**Angelo**, 10 Jahre),
eine Mutter (**Pia**, 8 Jahre),
ihr Kind (**Aleyna**, 8 Jahre),
die Schwester der Mutter (**Madeline**, 8 Jahre).

Als Spielort wurde der Sportraum des Kinderhauses gewählt, in dem gerade Platz war. In der vorbereitenden Diskussion (Brainstorming) zum Thema „Oberbürgermeister" waren noch Hektor, Robin und Peter dabei.

Die Oberbürgermeisterin und der Oberbürgermeister sitzen in Roben zusammen an einem Tisch, vor sich wichtige Mappen.

Mutter: Klopf, klopf.

Bürgermeister: Herein, heute dürfen alle Menschen der Stadt kommen und sich etwas wünschen.

Mutter: Ich bin die Frau Bennino.

Bürgermeister: Ich bin der Bürgermeister.

Bürgermeisterin: Und ich die Bürgermeisterin.

Ein Saubermachfest

Kind: Und ich die Celine.

Mutter: Ich bin gekommen, weil ich mein Kind nicht auf den Spielplatz vor unserem Haus lassen kann.

Bürgermeister: Warum denn nicht?

Mutter: Der Platz ist schmutzig, und es sind so viele Menschen dort.
Bürgermeister: Ja, und?

Mutter: Ja und sagen Sie? Vom Schmutz wird mein Kind krank und vor den vielen Menschen bekommt es Angst.

Kind: (schüchtern) Ich bin dort hingefallen.

Mutter: Und es lagen Scherben dort, Celine ist hineingefallen. Das geht doch nicht!

Die Bürgermeisterin hört sehr konzentriert zu und schreibt mit.

Bürgermeisterin: Gefällt Ihnen der alte Platz nicht mehr? Wenn so viele Leute dort sind, könnten die doch den Dreck wegmachen.

Mutter: Das habe ich auch schon vorgeschlagen. Aber die werden richtig böse, wenn sie sich die Finger schmutzig machen sollen.

Ein Saubermachfest

Bürgermeisterin: Ich schlage vor, wir gehen einfach mal auf den Platz. Wir mischen uns unter die Menschen.

Bürgermeister: Wofür soll das gut sein?

Bürgermeisterin: Wenn die Leute dann Schmutz herumwerfen, sagen wir ihnen, sie sollen ihn wieder aufheben.

Bürgermeister: Gute Idee! Wir werden ihnen dabei helfen. Dann sind wir ein gutes Vorbild und die Menschen können sehen, dass wir als Bürgermeister und Bürgermeisterin keine Angst haben, uns die Finger schmutzig zu machen.

Es wird eine Ortsbegehung vereinbart. Der Ortswechsel wird auch im Spiel vollzogen; die ganze Gruppe zieht in den hinteren Hof um, der einige Büsche und einen kleinen Spielplatz enthält. Ein paar zerknüllte Zeitungsseiten werden hingeworfen, damit es nach „Müll" aussieht.

Bürgermeister: Wollen wir mal sehen, wie es in der Stadt aussieht.

Mutter: Da lagen Scherben. Die waren im Sand versteckt! Und außerdem liegen dauernd Zigarettenkippen herum! Und hier, sehen Sie, so viel Müll!

Ein Saubermachfest

Bürgermeisterin: Machen wir doch ein Sauberkeitsfest! Wenn die Menschen mithelfen, den Platz sauber zu machen, sparen wir ja auch Geld für Arbeiter, die man rufen müsste, um den Platz zu säubern. So können wir das Geld für ein Fest ausgeben.

Mutter (zum Kind): Was hältst du davon?

Kind: Mhm.

Auch die Bürgermeisterin und der Bürgermeister beraten sich kurz.

Bürgermeister: Wann sollen wir denn das Fest machen?

Mutter: Ich hole meine Schwester, die hilft auch mit.

Die Schwester der Mutter wird geholt, das Sauberkeitsfest wird vereinbart und der Termin dafür festgelegt.

Bürgermeister: Haben Sie weitere Wünsche?

Mutter: Vielleicht wäre nach dem Fest ja noch etwas von dem Geld übrig. Dann könnten wir den Platz interessanter machen. Eine Schaukel, ein Sandkasten, ein Klettergerüst!

Bürgermeister: Noch weitere Ideen?

Ein Saubermachfest

Mutter: Man müsste Versteck spielen können. Am besten wäre ein Tunnel unter der Erde, mit unterirdischem Gang zum Kinderhaus. Das wäre geheimnisvoll und toll! Man könnte sich verstecken oder verlaufen, und die andern müssten suchen.

Die Bürgermeisterin macht sich Notizen.

Bürgermeisterin: Ein Schwimmbecken zum Planschen für die Kleinen und eins zum Schwimmen für die größeren Kinder wäre auch gut. Ich habe alles notiert. Wir verabschieden uns jetzt. Danke, dass Sie gekommen sind!

Bürgermeister: Und dass Sie uns auf so gute Ideen gebracht haben.

Saskia

Viel Platz in einer Villa

Das war ja wohl voll cool. Seit ich diesen Aushang gesehen hatte, war ich total gespannt. In Mannheim wurde der erste Kinderoberbürgermeister gewählt. Ich habe natürlich sofort meine Kandidatur angemeldet. Es wurde eine Auswahl getroffen, ich war unter den letzten fünf und überall hingen Plakate von mir. Mit mir waren in diesem Wettstreit noch Helin B., Zoi T., Selina P. und Eleni T. Mein Motto war: „Vote for a good thing!" Knappe zwei Wochen später war es so weit, der Sieger stand fest. Wow, ich konnte es kaum fassen, ich war Oberbürgermeisterin.

Meine Gedanken waren nur bei einer Sache. Es klopfte an der Tür, Frau Tasov kam herein. „Entschuldigen Sie, Frau Oberbürgermeisterin, aber Herr Nier von der Firma *Kolli und Nier* ist jetzt da!" „Lassen Sie ihn bitte herein." Herr Nier betrat den Raum. „Guten Morgen, Frau Oberbürgermeisterin." „Ja, guten Morgen. Es geht um einen Vorschlag …"

Es ging um etwas Tolles, ein Haus für Obdachlose. Es sollte eine dreistöckige Villa mit sehr vielen Zimmern werden.

In jedem Zimmer sollte ein Fernseher, ein Riesenbett, ein XXL-Balkon und ein Bad sein. Im Garten war ein Swimming-Pool geplant. Jedes Zimmer sollte eine Küchenzeile mit Esstisch bekommen. Außer den Zimmern sollte noch eine Schule ganz besonderer Art geschaffen und eine Firma mit 1.000 Arbeitsplätzen gegründet werden.

Mein Ziel war es, allen obdachlosen Erwachsenen und Kindern ein Zuhause zu geben und ihnen zu helfen, wieder einen festen Platz in unserer Gesellschaft zu finden.

Auf diese Idee brachten mich zwei Kinder, sie schickten mir zwei Gedichte, die mich sehr berührten:

Saskia

I.
So klein, schon fast erfroren,
in der Eiseskälte geboren.
Wir wollen rauf, euch erreichen,
dazu müsst ihr uns die Hand reichen.
Wann kommen wir hier heraus,
helft uns, gebt uns Platz in eurem Haus.

II.
Jeden Tag sitze ich hier,
was macht ihr bloß mit mir?
Worauf wartet ihr noch?
Ihr wisst es doch!
Bald können wir nicht mehr,
helft uns und kommt hier her!

Saskia

Herr Nier war überrascht von der tollen Idee, willigte auch ein, das Haus zu bauen und nach Sponsoren zu suchen. Er war selbst auch ein reicher Mann, der gerne teilte, einfach ein moderner Sankt Martin.

Der Bau verlief sehr gut. Das Haus nahm nach und nach Gestalt an. Schon nach sechs Monaten harter Arbeit stand das Gebäude. Um die Einrichtung sollte sich Frau Parth kümmern. Ich hatte sie deshalb ins Rathaus eingeladen. Wie vor wenigen Monaten klopfte es. „Ja?", fragte ich.

„Entschuldigung, Frau Oberbürgermeisterin, aber Frau Parth ist jetzt da", meldete meine Sekretärin.

„Dann lassen Sie sie bitte herein, Frau Tasov."

Frau Parth betrat den Raum.

„Guten Tag Frau Oberbürgermeisterin." „Ja, guten Tag. Ich habe Sie wegen der Einrichtung für das Obdachlosenheim hergebeten." Ich nahm mir viel Zeit, ihr all meine Ideen darzulegen.

In jedem Zimmer würde nun ein XXL-Bett, ein Bad, eine Küchenzeile mit Esstisch und im Garten der geplante Pool vorhanden sein. Die Innenausstattung war nach drei Wochen fertig. Mit einer großen Eröffnungsfeier wurde das Haus eingeweiht. Ein paar Tage später zogen die ersten Obdachlosen bereits ein. Sie lernten zu kochen und sich selbst zu versorgen und Arbeitsstellen bekamen sie auch alle. Die obdachlosen Kinder gingen in die besondere Schule, wo sie bestens von vielen Lehrern und Pädagogen betreut wurden, und spielten in dem zur Obdachlosenvilla gehörigen Garten.

Mannheim hat nun keine Obdachlosen mehr.

Saskia, 12 Jahre

Leonardo

Mannheim soll rocken!

Der achtjährige Leonardo ist glühender Fan von Green Day und besonders von deren Rockoper "American Idiot". Er wünscht sich sehnlichst einen Auftritt der berühmten Band in Mannheim.

Sven und Emirhan

Bauer und Kanzler sind gleich

Wenn ich Oberbürgermeister wäre, würde ich zuerst meine Stadt verschönern, dazu brauche ich mehr Grünfläche. Wenn jemand Kaugummi, Abfall oder Zigaretten auf den Boden wirft und dabei erwischt wird, muss er mindestens 25 € bezahlen. Ich würde auch das Rauchverbot auf öffentlichen Plätzen und in öffentlichen Gebäuden einführen, damit nicht soviel Kippen auf der Straße liegen. Man könnte Raucherbereiche einrichten mit Aschenbechern, wo die Leute ihre Kippen entsorgen können.

Als nächstes muss ich mich um den Verkehr kümmern. Ich würde dann die Ampeln abschaffen und Kreisverkehr einführen. Die Wälder sollen erweitert werden, damit es mehr Natur für das Leben der Menschen und Tiere gibt. Weniger Ampeln und mehr Grün würden zusammen auch den Umweltschutz fördern.

Ich würde keine Schuluniformen erlauben, denn die Kinder sollen ihre ganz normale Kleidung, wie z.B. T-Shirt, Jeans, Pullover usw. anziehen. Ich würde zwei Monate Sommerferien für die Schüler aus allen Bundesländern gutheißen. Mehr Spielplätze für Aktivitäten im Freien sollten in Mannheim für unsere Kinder und fremde Kinder gebaut werden.

Sven und Emirhan würden sich nicht nur ...

Sven und Emirhan

... um den Verkehr in der Stadt kümmern, sondern mit einem größeren Flughafen auch Touristen in die Stadt locken.

Natürlich braucht eine Stadt wie Mannheim einen großen Flughafen, damit wir in ferne Länder fliegen und auch mehr Touristen unsere Stadt bequem besuchen könnten. Ein WM-Stadion, Messen und Konzerte locken die Touristen an.

Ich würde mehr Arbeitsplätze schaffen lassen, damit die Menschen in Mannheim gut verdienen können. Jeder Mensch muss gleich behandelt werden; ob er ein Bauer ist oder ein Kanzler, ist unwichtig, dafür würde ich auch sorgen. Ich, der Oberbürgermeister von Mannheim, würde mein Bestes geben, um Mannheim zu der besten Stadt von Baden-Württemberg zu machen.

Sven, 13 Jahre, und **Emirhan**, 12 Jahre

Gwendolyn

Baumhäuser in die Stadt!

Zimmer zum Träumen. Ein Interview mit Aussichten

Gwendolyns Meinung nach bestimmt eine Oberbürgermeisterin, welche Gebäude in der Stadt gebaut werden und wohin. Hochhäuser fallen ihr ein und Schulen. Und dann ist Gwendolyn doch ein bisschen schüchtern - ein Interview hat sie bisher noch nie gegeben. Was soll man einem fremden Mann schon sagen, selbst wenn Mama und Papa dabei sitzen und ein bisschen helfen?

Aber Gwendolyn hat ein Bild gemalt, das uns gut gefallen hat, und dieses Bild sagt schon selbst eine Menge. Es ist ein Baum darauf zu sehen und ein Haus, das mitten in die Krone hineingebaut wurde - ein Baumhaus also.

„Als Oberbürgermeisterin würde ich in der ganzen Stadt Baumhäuser bauen lassen. Dort könnten die Kinder spielen."
Gwendolyn, 7 Jahre

Gwendolyn

Krankenhäuser fallen der Siebenjährigen dann noch ein, bei Krankenhäusern bestimmt eine Bürgermeisterin auch. Wie groß sie sein müssen und wo sie stehen sollen. Und sie hat ein Büro. Im Rathaus. Mitarbeiter sind da, die ihr helfen. Denn die Arbeit einer Bürgermeisterin ist schwer. Sie muss versuchen, es allen Bürgern der Stadt recht zu machen. Vorerst geht es aber weiter um Baumhäuser, denn die scheint Gwendolyn zu mögen.

In ein Baumhaus gehören ein Tisch und eine Lampe. Die Lampe funktioniert mit Batterie, denn im Baumhaus gibt es ja keinen Stromanschluss. Licht aber braucht man, denn wie man auf dem Bild sehen kann, ist es Nacht: Der Mond steht als große Sichel am Himmel, und ein Stern leuchtet. Das sieht gemütlich aus. Einen Rucksack benötigt man noch - „wie sollte man seine Sachen sonst hierher bringen?" Ins Baumhaus gelangt man nämlich nicht über eine Treppe. Außen lehnt eine Leiter, auch die sieht man auf dem Bild, ebenso den Rucksack. Es ist an alles gedacht.

Durch das Fenster schauen Gwendolyn und ihr Besuch in den Hof. Dort steht eine große Kastanie. Eine schöne Aussicht. Ja, in diesem Baum könnte sich die Erstklässlerin auch ein Baumhaus vorstellen. Es sollte am liebsten zwei Stockwerke haben und mehrere Zimmer. „Ein Zimmer zum Träumen", fügt sie noch hinzu. Verständlich, denn in einer Baumkrone ist man Träumen näher.

Darum leuchtet auch unmittelbar ein, dass Gwendolyn sich Baumhäuser in der ganzen Stadt wünscht. „Für die Kinder u n d die Erwachsenen." Das ändert nichts daran, dass ein Baumhaus am besten für Kinder geeignet ist. Zum Spielen. Mit den Plüschtieren. Und übernachten, das würde die kleine Abenteurerin mal gerne in so einem Traumzimmer, von grünen Blättern umgeben. Jetzt wird uns klar, weshalb auf dem Bild der Himmel so dunkel ist und die Nachtgestirne erscheinen. Es ist bestimmt genau die Nacht, die Gwendolyn einmal in einem Baumhaus übernachten wird!

Gwendolyn

Kehren wir von den Träumen zur Wirklichkeit zurück. Der Besucher wird belehrt, dass trotz aller Eignung für Spiele das Haus in einer Baumkrone auch erwachsenentauglich ist. „Die könnten dort arbeiten." Was kann man denn arbeiten an so einem Ort, geht das wirklich? „Man kann dort schreiben, telefonieren und Briefe beantworten." Überredet, das geht wirklich. Der Besucher nickt und erfährt dann noch, dass seine Interviewpartnerin als Oberbürgermeisterin natürlich in einem Baumhaus residieren würde. Nun, wir haben auch nichts anderes erwartet.

Doch wir wollten ja bei der Gegenwart bleiben und schauen uns noch an, was die Siebenjährige denn heute schon so alles treibt. Eins ihrer Hobbys ist die Leichtathletik. Staffellauf, Weitsprung, Weitwerfen und so weiter kann sie alles bei der MTG machen. Das ist praktisch, denn das Sportgelände dieses Vereins ist nicht so weit weg. Da kann sie mit dem Fahrrad hinfahren, womit wir schon eine weitere Lieblingsbeschäftigung erfahren haben. Die Kleine singt im Spatzenchor der Melanchthonkirche, wo sie gerade die Zauberflöte einüben. Sie liebt es, wenn sie bei den Proben alle eine Jeans und ein rotes T-Shirt anhaben und eine Perücke tragen. Die Perücke haben sie selber gebastelt und die ist weiß.

Seit Beginn des ersten Schuljahres, also seit einem dreiviertel Jahr, übt Gwendolyn auf der Blockflöte. Und in dem tollen Jugendkulturzentrum in der Nähe besucht sie den Keramikkurs. Dort haben sie zum vergangenen Halloween Kürbisse aus Keramik getöpfert.

So, das war's dann. Jetzt fällt Gwendolyn nämlich nichts mehr ein. Sie lächelt und schweigt. Doch, dies noch: Mit dem Fahrrad ist sie nämlich ziemlich fit. Sie hat es schon mal bis nach Schwetzingen geschafft. Na, dann wird sie es auch noch in anderen Dingen weit bringen. Das sind doch gute Aussichten.

Lisa

Sinnvoll

Wenn ich Oberbürgermeister wär',
würde ich den Taler springen lassen,
Kinder herausholen aus den Gassen,

Kinderheime bauen
und Arbeitslose mit Arbeit betrauen,

Schlaglöcher in den Straßen schließen
und im Stadtpark Blumen gießen.

Als Oberbürgermeister würde ich Fahrräder spenden
und das Kindergartengeld beenden.

Ich würde noch mehr Büchereien eröffnen ohne Gebühren
und Kunst, Sport und Musik als Pflicht für alle einführen.

Nett und freundlich würde ich sein,
meine Stadt wäre sauber und fein.

Keiner hätte Angst vor Überfall und Betrug,
und das wäre noch lange nicht genug.

Ach du Schreck, da fällt mir ein:
Ich kann nie Oberbürgermeister sein!

Bei dem Einfall wird mir ganz flau,
denn mir fällt ein, ich bin eine Frau.

Ich wäre ja dann eine Oberbürgermeisterin.
Das oben behält natürlich seinen Sinn.

Lisa, 13 Jahre

Selina

Selina wird von Reportern interviewt.

Selina

Aufregend, schön und lebendig

Ich wusste, dass ich in Mannheim war. Aber wo ich mich genau befand, wusste ich nicht. Es war stockfinster. Ich konnte nichts sehen. Es war so still, dass es schon beinahe unheimlich war.

Auf einmal konnte ich Schritte hören und das Licht ging an. Ich bekam Angst. Ich saß auf einem Bürostuhl und vor mir stand ein schwarzes Pult. Darauf standen ein Computer, viele Akten und noch viel mehr Formulare und Papier. Ich hatte einen Smoking an und sah sehr vornehm aus. Ich fragte mich: „Wo bin ich? Was ist los? Warum sehe ich so adlig aus?" Viele Fragen gingen mir durch den Kopf. Doch was mich am meisten beschäftigte war, dass ich nicht wusste, woher diese Schrittgeräusche kamen. Sie wurden immer lauter und lauter. Die Tür öffnete sich und es liefen zwei Personen herein. Eine Frau und ein Mann gingen auf mich zu und sprachen zu mir: „Guten Morgen, Frau Oberbürgermeisterin!"

„Oberbürgermeisterin? Wo bin ich? Wer seid ihr?", stotterte ich verwundert. „Ich bin Kim", sagte die Frau. „Und ich bin Oliver", antwortete der Mann. „Sie befinden sich im Rathaus von Mannheim", verrieten sie mir, „und wir sind zwei Reporter. Wir sind hier, um Sie zu interviewen." „Weshalb wollt ihr mich interviewen? Was mache ich hier überhaupt? Und warum duzt ihr mich nicht?", erkundigte ich mich. „Sie wurden gestern ins Amt des Oberbürgermeisters gewählt", erzählte Kim. Oliver fügte hinzu: „Nun sind wir hier und wollen wissen, was Sie vorhaben zu ändern."

„Bitte duzen sie mich!", bat ich die beiden. „Oh, Verzeihung! Wir werden DICH in Zukunft duzen", entschuldigten sich die Reporter. Ich bedankte mich und sie fingen an, mir Fragen zu stellen: „Frau Oberbürgermeisterin", fingen sie an, „was hast du nun vor zu ändern?" „Um ehrlich zu sein, habe ich mir noch nicht so richtig Gedanken darüber gemacht", murmelte ich. „Sage einfach mal spontan aus dem Bauch heraus, was du

Selina

ändern möchtest", schlug einer der beiden Reporter vor. „OK, mal überlegen", grübelte ich.

„Hmmmmmm ... UMWELT! Ich möchte die Umwelt schützen! Mehr Natur ... Weniger Energieverbrauch ... Schutz für Regenwälder ... Mehr Grünflächen ... Und ... Schutz für Tiere! Genau das möchte ich ändern!" „Das ist ja hoch interessant", staunte Oliver, „erzähle uns doch mehr darüber."

„Also gut", sprach ich und fing an, davon zu erzählen. „Ich möchte die Umwelt schützen, weil sie mir sehr wichtig ist. Ich bin ein Mensch, der gerne in der Natur ist. Ich liebe es, wenn ich von Natur umgeben bin. Aber auch die Tiere sind mir sehr wichtig. Sie gehören auch zur Natur und leben dort. Sie wollen ihren Lebensraum nicht verlieren. Das wollen wir doch auch nicht! Außerdem liebe ich Tiere über alles. Wir brauchen mehr Grünflächen! Im Moment leben wir doch nur zwischen Industrieanlagen. Das ist langweilig, ungesund und grässlich! Die Natur dagegen kann sehr aufregend sein. Sie ist schön und sehr lebendig. Man kann immer neue Sachen lernen. Es macht Spaß, im Wald spazieren zu gehen. Ich möchte, dass mehr Leute mit dem Fahrrad fahren oder zu Fuß gehen und das Auto stehen lassen. Abgase vergiften Pflanzen, unsere Luft, die wir atmen, und alle Lebewesen. Ob diese nun vom Auto, von einer Fabrik oder sonst woher kommen, spielt keine Rolle. Abgase sind einfach widerlich!"

Ich fuhr fort: „Was ich noch tun möchte, ist, Spenden für Regenwälder zu sammeln, damit keine Bäume mehr gefällt werden. Ich werde auch Paten für Tiere in Not suchen. Sie wollen auch ein Zuhause haben und nicht ihr ganzes Leben im Tierheim verbringen. Schließlich brauchen auch sie eine Familie, die sich um sie kümmert. Ich werde mich aber auch darum kümmern, dass mehr Tierheime in Mannheim gebaut werden.

Noch mal zu dem Thema weniger Energieverbrauch: Ich werde dafür sorgen, dass jeder in der Stadt Solarenergie umsonst bekommt. Ich werde wirklich alles dafür tun, dass die Umwelt geschützt wird. Sie war für mich wichtig, sie ist für mich wichtig und wird es auch immer sein."

Selina

„Danke für das Interview mit dir. Es war sehr spannend und interessant", bedankten sich Kim und Oliver. Ich verabschiedete mich von ihnen und ließ sie aus dem Büro gehen. Nun hatte ich ein bisschen Zeit für mich und schloss die Augen. Als ich sie wieder öffnete, lag ich in meinem Bett. Das Licht war aus. Ich schaltete es an und dachte: „Was war das? Habe ich bloß geträumt?" Wieder gingen mir viele Fragen durch den Kopf. „Auch wenn dieser Traum am Anfang etwas unheimlich war, fand ich ihn interessant. Doch was mich immer noch quält, ist, dass ich überhaupt nicht weiß, warum ich so etwas geträumt habe. Aber wenn ich wirklich Oberbürgermeister wäre, würde ich alles genauso machen, wie ich es geträumt habe. Oder zumindest so ähnlich. Ob ich diesen Traum noch mal erleben werde, steht noch offen."

Zehn Jahre später war ich Oberbürgermeisterin und war froh, dass ich diesen seltsamen Traum hatte. Ich hatte alles so getan, wie ich es wollte. Die Umwelt ist nun geschützt. Und manchmal denke ich immer noch an meinen Traum, da er für mich etwas Besonderes ist.

Selina, 12 Jahre

Diego

Mieten wären bezahlbar

Ich würde mich dafür einsetzen, dass es Kindern hier besser gehen würde.

Es dürfte keine Verbote beim Spielen geben wie bei uns im Hof, in dem wir keinen Fußball oder sonstige Mannschaftsspiele mehr spielen dürfen. Falls wir doch mal wieder spielen, erhalten meine Eltern die Wohnungskündigung. Als Bürgermeister könnte ich bestimmen, dass alle Kinder so viel spielen dürfen, wie sie möchten. Denn Bewegung ist schließlich gesund und gut als Ausgleich für die Schule. Also müssten auch neue Spielplätze mit großen Sportanlagen errichtet werden.

Ich würde an einem Sonntag im Jahr einen Familientag einrichten. An diesem Tag ist für alle Familien der Eintritt im Luisenpark oder im Schwimmbad frei. Kinder erhalten dort so viel Eis, wie sie nur möchten. Diesen Tag soll die ganze Familie gemeinsam verbringen.

Diego findet neue Ladenöffnungszeiten nicht gut. Die Familien sollen nicht so lange auf ihre Angehörigen warten müssen.

Diego

Bei der Hundesteuer gäbe es bei mir Unterschiede. Ein kleiner Hund würde weniger Steuer kosten als ein großer. Er macht schließlich auch weniger Dreck.

Auch mit dem Parkplatzproblem sollte man sich dann auseinandersetzen. Es gibt schließlich immer mehr Autos und immer weniger Parkplätze, besonders in der Stadt. Vielleicht könnte man Doppelparker-Parkplätze in der Stadt errichten.

An den Ladenöffnungszeiten würde ich nichts ändern. Die Geschäfte sind jetzt schon lange genug auf, da müssen die armen Angestellten nicht noch länger in den Läden stehen, während die Familie zu Hause wartet. Neue, größere und schönere Wohnungen sollten gebaut werden. Diese dürfen aber nicht so teuer sein wie jetzt, so dass man sich die nicht leisten kann. Nein, die Mieten wären dann für jeden zahlbar.

Ich wollte als Bürgermeister, dass es meinen Bürgern gut geht.

Diego, 12 Jahre

Camilla und Chantal

Spielplatz und Wasser

Es sollen nicht so viele Häuser gebaut werden. Und es müssen mehr Spielplätze gebaut werden. Es darf nicht so viel Umwelt verschmutzt werden. Es sollte einen wunderschönen riesengroßen Park geben. Ein ganz schöner Wasserspielplatz muss darin sein. Es soll nicht so viel geklaut werden sondern müssen wir die Diebe schnappen.

Camilla und Chantal

Alle sollen sich an die Ruhezeit halten. Und es muss nicht verboten werden das man mit 16 Jahren noch nicht rauchen darf. Wir sollten den Jugendlichen kein Alkohol verkaufen. Kinder zwischen 13 und 18 Jahren dürfen nicht auf die Kinderspielplätze gehen.

Camilla und **Chantal**, beide 9 Jahre

Tim

Ein anstrengender Tag

Eines Tages gab der Oberbürgermeister Tim Brenner eine Pressekonferenz. Als er in den Saal ging und sich auf seinen Stuhl setzte, kam schon die erste Frage der Presse:

„Was wollen Sie für die Zukunft verändern?"

Der Bürgermeister sagte:
„Ich werde mehr und schönere Spielmöglichkeiten für große und kleine Kinder bauen lassen, denn die wenigen und unschönen Spielplätze, die es hier gibt, sind entweder gefährlich oder nur für kleine Kinder. Da es auch großen Kindern gefällt zu spielen, werden auch Angebote für ältere Kinder gemacht werden müssen."

Der Presse-Mann entgegnete:
„Und was ist mit dem Thema Armut? Für meinen Geschmack gibt es hier in Mannheim viel zu viele arme Menschen."

Der Oberbürgermeister Brenner erwiderte:
„Ja, Sie haben Recht, sehr Recht sogar, ich werde Versorgungsstätten errichten lassen. Dort kann jeder arme Mensch etwas zu essen bekommen. Schlafplätze wird es auch geben, und ob es auch eine medizinische Versorgung geben wird, weiß ich noch nicht genau. Das ist eine Frage der Finanzierung."

Die Presseleute fragten neugierig weiter:
„Werden Sie sich auch um die Arbeitslosigkeit in Mannheim kümmern?"

Der Oberbürgermeister bestätigte: „Auf jeden Fall, denn immer mehr Menschen sind arbeitslos und können ihre Familien nicht mehr versorgen."

Tim

Tim würde als Oberbürgermeister ordentlich die Ärmel hochkrempeln.

Die Journalisten wollten noch mehr wissen: „Zum Schluss noch eine Frage. Werden Sie das denn auch alles tun, was Sie versprachen?"

Herr OB Brenner entgegnete:
„Ich werde alles tun, was in meiner Macht steht, und alle Aufgaben erledigen. Und hiermit ist die Pressekonferenz beendet."

Das war ein anstrengender Tag für den Oberbürgermeister Tim Brenner. Nun dürfen wir gespannt sein, ob er alles verwirklicht, was er angekündigt hat!

Tim, 12 Jahre

Mannheimer Innenstadtkinder haben ihre Traumstadt gemalt.

Paradiesbaum und Kettenkarussell

Innenstadtkinder malen ihre Stadt

„Das Zickzackmuster und die Fenster stammen von Chris!" Eine heitere Atmosphäre erfüllt den zum Hof und Spielplatz hin geöffneten Werkraum, es herrscht ein lustiges Kommen und Gehen. Den Kindern macht es sichtlich Spaß, dass heute ihr Bild, das sie über Mannheim gemalt haben, im Mittelpunkt des Interesses steht. Das wiederum tut es nicht ohne Grund: Das Gemeinschaftswerk aus der Kinder-Kreativ-Werkstatt ist ein Bild wie aus einem Guss geworden, wunderschön, farbenfroh und voll überschäumender Lebensfreude.

Das Haus mit dem Muster, von dem gerade die Rede war, sieht aus, als wäre es von Hundertwasser entworfen, unregelmäßig bunt sind Fassade und Dach, und die Fenster haben ganz absichtlich unterschiedliche Formen. Der Wasserturm in der Mitte ist bunt verfremdet wie von einem Maler aus dem frühen 20. Jahrhundert, die Fassade des Hauses am rechten Bildrand wird von riesigen Blumen geschmückt, und das Gewächs neben Mannheims Wahrzeichen macht den Eindruck einer Kreuzung aus Paradiesbaum und Kettenkarussell: Gleich wird der tiefbraune Stamm sich zu drehen beginnen, und das Kind an der Schaukel rechts wird seine Haare im Fahrtwind fliegen lassen. Die ganze Krone hängt voll leckerer Früchte, darunter tummeln sich eine gefleckte Giraffe, ein rosa Schwein, ein riesiger Hase und weitere Tiere.

Paradiesbaum in der City

Wie nennen die jungen Künstler ihr Werk, dem man die regelmäßige Betätigung mit Papier und Pinsel und die sorgfältige Beratung durch ihre Betreuer ansieht? „Traumstadt" haben sie groß an den oberen Teil des Wasserturms geschrieben, und genau dies haben sie mit Farbe und viel Fantasie eingelöst.

Chris (10) hat den Zeppelin gemalt, denn solch ein Brummer am Himmel ist auch für ein Mannheimer Innenstadtkind kein unbekanntes Flugobjekt. **Juan** (14) findet für eine kinderfreundliche Stadt freilaufende Tiere ganz normal, dazu gehört unter anderem auch ein gezähmter Löwe. Der Junge, den er oben auf dem Wasserturm sitzen lässt, hält ein paar Vögel an der Leine oder - auch so könnte man es sehen - erst durch die Hilfe der gefiederten Freunde konnte er sich so weit in die Höhe wagen.

Paradiesbaum in der City

Angelique (14) lächelt; von ihr stammt der grüne Drache, der über dem Treiben seine Kreise zieht. **Nicole** (9) geniert sich ein bisschen, aber es lässt sich herausfinden, dass das schöne rotschwarze Dach des Künstlerhauses von ihr stammt und das Dach vom Wasserturm. **Omer** (14) findet, dass es viel Grün in einer Stadt geben muss; er gab dem Paradiesbaum eben diese intensive Farbe, welche durch die roten Früchte noch verstärkt wird. **Naomi**, sie dürfte etwa zehn Jahre alt sein, liegt es nicht, große Erklärungen abzugeben. Ihrer Ausdruckskraft hat sie dafür an zahlreichen Stellen des Bildes Gestalt gegeben. Die Schildkröten auf dem Dach stammen ebenso von ihr wie die Giraffe, die Schaukel am Baum und die Schmetterlinge.

Laut Auskunft der Betreuer hat es zwei bis drei Tage bis zur Fertigstellung des Bildes gedauert; ihre Schützlinge müssen intensiv daran gearbeitet haben, bis das Großformat (ca. ein mal zwei Meter) gefüllt war. Eine Riesenleistung, umso mehr, da sie sehr selbständig zu Werke gingen. Dieser Teil der Innenstadt mit den Quadraten ist einer der kinderreichsten Mannheimer Stadtteile; hier wird seit fast 30 Jahren alters- und nationalitätenübergreifende Stadtteilarbeit durchgeführt. Viele Kinder, die zuhause wegen räumlicher Enge über relativ wenige Bewegungsmöglichkeiten verfügen, haben hier einen Ort, an dem sie sich mit Gleichaltrigen treffen können und erfahrene Ansprechpartner finden. Von pädagogischer Betreuung (zumeist Kreativangebote) über integrative Sprachförderung bis hin zu tatkräftigem Beistand im Alltag finden sie breite Unterstützung und vielfältige Möglichkeiten zur Persönlichkeitsentfaltung.

Paradiesbaum in der City

Calogero würde gerne fliegen; „der Stiefpapa hat einen Flieger". Der Zehnjährige hat ebenso wie **Sylvia** (12) an den vielen blauen Flächen des Himmels mitgemalt. **Amy** (11) hat Spaß an Tieren, von ihr stammen die Elefanten, der Riesenhase und die Fahrräder. Im weiteren Gespräch wird deutlich, dass für die Kinder in ihrer Stadt natürlich längst nicht alle Wünsche erfüllt sind. Für einige von ihnen stehen die Fahrräder für das Ideal, dass dieses Fortbewegungsmittel umweltfreundlicher ist als andere und hier ruhig noch einiges passieren dürfte. Auch könnten in einer so großen Stadt gerne mehr Bäume sein, mehr Gras auch, überhaupt reichlicher Grünflächen.

Für all diese Kinder und Jugendlichen wachsen in Mannheim offenbar - in ausschließlich positiver Bedeutung - die Bäume bis in den Himmel hinein, denn auf dem Bild sind diese mindestens ebenso groß wie der Wasserturm. Dass in der Quadratestadt die Fenster eines Hauses auch ungerade und dreieckig sein können (wenigstens in der Fantasie), finden die Kinder nur angemessen. Ausdruck einer Freiheit, die diese Kinder empfinden, und die da, wo sie noch fehlt, immerhin vorstellbar ist. **Chris**: „Das ist geil!" In solcher Atmosphäre kann sogar ein Baum auf einem Hausdach wachsen. Kreative Pflanzen gedeihen eben überall.

Magda und Alina

Wo finden wir einmal Arbeit?

Meine Freundin Fenja und ich saßen gerade in der Schule und hatten Pause, als wir plötzlich einen riesigen Lärm hörten. Wir rannten mit unseren Klassenkameraden neugierig ans Fenster, wo wir auch schon Hunderte von Menschen sahen, die in der Käfertalerstraße demonstrierten und um mehr Arbeitsplätze kämpften. Einige von ihnen hielten demonstrativ Schilder hoch, auf denen Sätze wie z.b. „MEHR ARBEITS-PLÄTZE!" oder „JEDER HAT DAS RECHT AUF ARBEIT" standen. Sie bauten sich vor einem Unternehmen gegenüber unserer Schule auf.

Betroffen verstummten wir. Endlich brach Kevin das Schweigen: „Ich finde das unmöglich, dass schon so viele junge Menschen, die vielleicht gerade mal ihr Abitur hinter sich haben, um Arbeitsplätze kämpfen müssen." Wir konnten ihm nur zustimmen. Was haben wir denn für Zukunftsaussichten? Wo finden wir einmal Arbeit? Was machen denn die Menschen so ganz ohne Arbeit? Unsere Deutschlehrerin, die gerade in die Klasse kam, unterbrach unsere aufgeregte Unterhaltung.

Als wir gerade mit unserer Lehrerin ins Gespräch über Arbeitsplätze kamen, sagte Lucas plötzlich aus der hinteren Reihe: „Also wenn ich Oberbürgermeister wäre, dann würde ich in Mannheim mehr Arbeitsplätze schaffen." „Und wie würdest du das machen?", fragte unsere Lehrerin interessiert zurück. Ich dachte darüber nach, dass das gar nicht so einfach sei, aber plötzlich kam mir doch noch eine Idee: „Wenn ich Oberbürgermeister wäre, dann sollten die Geschäfte auch nachts geöffnet haben, denn dann müsste mehr Verkaufspersonal eingestellt werden." Ein anderer Klassenkamerad schrie: „Wenn ich Oberbürgermeister wäre, dann würde ich Leute in die Schulen schicken, die Kinder betreuen und ihnen Nachhilfe geben oder ihnen Sportangebote machen oder einfach mit ihnen lesen oder spielen."

Jemand anderer schlug vor. „Wenn ich Oberbürgermeister wäre, würde ich das Personal in den Altersheimen oder in den Krankenhäusern erwei-

Magda und Alina

tern. Diese Leute müssten sich mit den Alten und Kranken beschäftigen." Eine Klassenkameradin warf ein: „Wenn ich Oberbürgermeister wäre, dann würde ich Menschen einstellen, die unsere Stadt sauber halten, immer kehren, den Unrat aufheben und immer die Mülleimer leeren." „Und wenn ich Oberbürgermeister wäre, dann würde ich dafür sorgen, dass viele Pflanzen überall eingesetzt und gepflegt werden", so lautete eine andere Idee.

Kevin meldete sich noch einmal zu Wort: „Wenn ich Oberbürgermeister wäre, dann würde ich mehr Sozialarbeiter einstellen, die sich um verwahrloste Kinder kümmern." „Ja", stimmte eine Klassenkameradin zu, „und wenn ich Oberbürgermeister wäre, dann würde ich dafür sorgen, dass die öffentlichen Gebäude renoviert werden, schöne Schulen und Kindergärten gebaut werden und Wohnungen, die sich auch kinderreiche Familien leisten können." Bevor uns unsere Deutschlehrerin eine Antwort geben konnte, sprang Fenja hinter mir auf und sprach: „Ich habe eine klasse Idee, wie wäre es, wenn wir dem Oberbürgermeister persönlich einen Brief schreiben?" Sofort waren alle mit Begeisterung dabei.

Magda und Alina würden etwas gegen Arbeitslosigkeit tun.

Magda und Alina

Als wir den Brief zu Ende geschrieben hatten, schaute ich aus dem Fenster und sah, dass sich der Tumult langsam auflöste und die Leute mit bedrückten Gesichtern nach Hause gingen. Alle wollten sie arbeiten, aber keiner wollte sie haben. Nach einer Woche kam ein Brief vom Oberbürgermeister zurück an uns, in dem stand, dass er sich freue, dass wir uns Sorgen um die arbeitslosen Menschen auf der Straße machen und dass er versuche, alles daran zu setzen, damit es nicht mehr so viele Arbeitslose in unserer Stadt gäbe.

Ein paar Tage später sah unsere Lehrerin in den Tagesnachrichten, dass der Oberbürgermeister in einem Interview versprach, sich für mehr neue Arbeitsplätze einzusetzen. Als sie uns am nächsten Tag davon berichtete, waren wir alle mit uns zufrieden und hatten die Hoffnung, dass wir wenigstens ein paar Menschen helfen konnten.

Magda und **Alina**, beide 12 Jahre

Liam

Pokal für einen guten Zweck

Als Oberbürgermeister würde ich:

- für Arme Kinder spenden, Mich um Kinder kümern, die keine Eltern haben

- rennen gehen (SchilerLauf) Für einen guten zwek

- ein FußBallStadion für Kinder Bauen, ein FußBallTurnir mit Lendern Machen, das Land Kan Man sich aussuchen. Der Pokal würt fon Mir gespendet.

- Mer Spielpletze Bauen und verschönern.

Mir gefelt das Kinderfest beim Mannheimer Stadtfest.

Liam, 6 Jahre

Für Nicht-Mannheimer: Der Schillerlauf ist eine sportpädagogische Aktion von städtischen Kinderhäusern, die 2005, im Schillerjahr der Quadratestadt, zum ersten Mal durchgeführt wurde. Sogar Kindergartenkinder trainieren regelmäßig und bewältigen bis zu 1.000 Metern Laufstrecke. Fußballturnier mit Ländern: Liam spielt auf das 16. Fußballturnier der Horte des Mannheimer Jugendamtes an, die im WM-Jahr 2006 zwei Tage lang die Weltmeisterschaft nachempfanden. Schulkinder der Kinderhorte aus den Stadtteilen vertraten jeweils eine andere Nationalmannschaft, insgesamt 20 der tatsächlichen WM-Teilnehmerländer.

Beim jährlichen Mannheimer Stadtfest im Mai gibt es eine ganze Budenstadt mit Spiel- und Erlebnisangeboten für Kinder.

Tyrone

Tyrone fordert mehr Höflichkeit im Umgang miteinander ein.

Tyrone

Höflicher, bitte!

Ich würde die Lebensmittel billiger machen, damit noch Geld für Klamotten, Spielsachen und wichtigere Dinge übrig bleibt. Weniger Arbeit und mehr Geld für alle. Außerdem würde ich den Schülern am Freitag keine Hausaufgaben aufgeben.

Ich würde versuchen Gesetze herauszubringen, damit die Menschen nicht mehr so unhöflich durch die Straßen gehen. Die Häuser müssen besser und schöner gebaut werden. Alle Menschen bekommen Geld dafür, wenn sie die Stadt sauberhalten.

Ich würde neue Spielplätze bauen und den Kindern mehr Mitspracherecht bei allen Entscheidungen geben. Überall müssten Konzerte und Veranstaltungen stattfinden, die kostenlos sind.

Auf den Boden pinkeln, angeben, schwänzen, anschreien, befehlen würde ich unter Höchststrafe stellen. Zuerst würde es Verwarnungen geben. Hilft das nicht, dann müssen diese Menschen vors Gericht.

Tyrone, 10 Jahre

Patrick

Wahre Größe

Bisher hatte ich einen sehr unbedeutenden Platz im Rathaus. Ich war nämlich nur der Sekretär des Oberbürgermeisters.

Eines Tages brachte ich wie immer dem Oberbürgermeister die Unterlagen, die er alle durchgehen musste. Als ich wieder rausgehen wollte, sagte er zu mir: „Nächsten Monat sind die Oberbürgermeisterwahlen, es wäre schön, wenn Sie sich als Kandidat zur Verfügung stellen würden!" Ich antwortete: „Ich muss es mir noch überlegen." Ich ging in mein Büro und arbeitete weiter, allerdings wenig konzentriert. Der Vorschlag des Oberbürgermeisters beschäftigte mich die ganze Zeit.

Vor Dienstschluss betrat ich erneut sein Büro, um die unterschriebenen Unterlagen abzuholen. Ich teilte ihm mit, dass ich mich entschieden hätte. Ich würde mich als Kandidat zur Verfügung stellen. Als ich nach Hause kam, war es schon spät. Aber der Oberbürgermeister hatte mir gesagt, wenn ich kandidieren würde, müsste ich eine Liste mit Verbesserungsvorschlägen erstellen. Also setzte ich mich an den Computer und erstellte eine Liste.

In dieser Aufstellung stand: „Wenn ich Oberbürgermeister wäre, würde ich für mehr Grünanlagen sorgen. Außerdem würde ich alle Bürger unserer Stadt zu gemeinnütziger Arbeit heranziehen. Ich würde mich für die Erhaltung der Naturschutzgebiete einsetzen und noch mehr Naherholungsgebiete anlegen. Damit das Waldsterben ein Ende hat, würde ich kostenlos in alle Autos unserer Mitbürger einen Ruß-Partikel-Filter einbauen lassen. Ich würde im Stadthaus kostenlose Lehrgänge für Erwachsene und Kinder anbieten, wie man sich in der Natur zu verhalten hat. Damit unsere Stadt sauberer wird, würde ich wie in Berlin lobende Mülleimer anschaffen."

Patrick

Am nächsten Morgen brachte ich die Liste dem Oberbürgermeister. Er war begeistert von meinen Ideen. Der Monat verging wie im Flug. Ich wurde mehrmals in der Zeitung als Kandidat vorgestellt. Ich nahm an allen möglichen Veranstaltungen teil, vom Jubiläum des Kleintierzuchtvereins bis hin zur Einweihung der SAP-Arena. Ich führte viele Gespräche mit vielen Bürgern. Von Tag zu Tag wurde ich bekannter. Die Leute grüßten mich schon von weitem, zum Teil sogar mit „Herr Oberbürgermeister".

Endlich kam der große Tag. Die Wahl fand statt. Alle Kandidaten saßen beisammen und warteten gespannt auf das Ergebnis. Auf einmal war es soweit. Ich gewann die Wahl mit 90% der Stimmen. Meine Mitkandidaten gratulierten mir recht herzlich zu der gewonnenen Wahl und der hohen Stimmzahl.

Der ehemalige Oberbürgermeister kam zu mir und sagte zu mir: „Jetzt tauschen wir die Plätze!" Das ist wahre Größe! Ich konnte es noch immer nicht fassen. Ich war zum Oberbürgermeister der Stadt Mannheim gewählt worden. Jetzt hatte ich die Gelegenheit, meine Ideen zu verwirklichen.

Patrick, 12 Jahre

Zoi und Anna

So fröhlich wie nie zuvor

Das Amt des Oberbürgermeisters von Mannheim war an mich neu übergeben worden. ICH war nun also der Oberbürgermeister oder besser gesagt die Oberbürgermeisterin von Mannheim. Mein erster Gedanke war: Was will ich nun machen? Ich konnte praktisch alles tun, was ich mir wünschte. Als erstes setzte ich mich auf meinen neuen Bürostuhl in meinem neuen Arbeitszimmer. Vor mir lagen sehr viele Akten, Formulare, Papiere und Anträge.

Plötzlich traf mich der Schlag. Das konnte doch nicht wahr sein! Mir fehlten wirklich die Worte. Wer wusste, dass ich mir so etwas schon immer wünschte? Vor mir lag ein Anschreiben mit der Bitte, alle Schwimmbäder Mannheims zu erneuern und sie natürlich zu verschönern. Meine Konzentration auf dieses Anliegen wurde von einem Klopfen an der Tür unterbrochen. „Herein bitte!", sagte ich. Ein äußerst vornehmer junger Mann kam die Tür herein und lief geradewegs auf mich zu. „Guten Tag, Frau Oberbürgermeisterin. Ich wollte mich nur mal erkundigen, ob Sie schon den Antrag unterschrieben haben." Ich dachte einen Moment lang nach. Dann sagte ich: „Also, ich bin bereit, dem Antrag für die Schwimmbädererneuerung stattzugeben." Der junge Mann starrte mich etwas verwundert an und fragte mich, weshalb ich mich so schnell ausgerechnet für diesen Antrag entschieden habe. „Warum ausgerechnet dieses Anliegen? Ich meine, es gibt wichtigere Sachen als Schwimmbäder."

Ich konnte es nicht fassen, dass er wirklich dachte, dass Schwimmbäder nicht so nötig seien. Ich sagte: „Schwimmbäder sind für uns Menschen, die in einer Stadt ohne Meer leben, sogar sehr von Nutzen, vor allem Freibäder. Freibäder sind gesund. Ja, die Menschen haben beim Schwimmen sehr viel Bewegung und das ist wichtig für die Gesundheit, vor allem für das Kreuz." Der Mann fragte mich neugierig, was ich vorhabe. „Hmm ..., als erstes werde ich mir bei allen Schwimmbädern die Schäden angucken und mir notieren, wie sich diese renovieren lassen. Ich werde darauf achten, dass es viel Grünfläche gibt mit sehr vielen bunten

Zoi und Anna

Blumen außen herum und natürlich Bänke zum Hinsetzen. Ich werde mit Hilfe von Bauarbeitern versuchen, auch Spielplätze mit Rutschen, Schaukeln, Sandkästen und kleine Swimming-Pools für kleine Kinder und Babys zu bauen. Das Wasser wird der Außentemperatur angepasst werden, d.h. in der kühleren Jahreszeit werden die Becken geheizt, an heißen Tagen gekühlt. Gut ausgebildete Schwimmlehrer bringen jedem das Schwimmen bei. Es sollen viele Arten von Wasserspielen unter Aufsicht möglich sein."

Ich fuhr fort: „Natürlich werden auch neue Kioske gebaut werden mit einem großen Angebot an gesundem Essen und Trinken. Die Umkleidekabinen und Duschanlagen werden modern und komfortabel und sehr sauber sein. Jeder Stadtteil in Mannheim soll über ein schönes Freibad verfügen. Mal sehen, was fällt mir noch so spontan ein. Hmm ... Ja, ich hab's. Die Eintritte! Die werde ich auf jeden Fall runtersetzen, damit auch nicht so reiche Leute ins Schwimmbad gehen können. Kinder und Jugendliche brauchen gar nichts zu bezahlen. Schwimmen ist nämlich eine der besten Sportarten."

Weil der junge Mann mir immer noch zuhörte, erzählte ich ihm: „Ich will nicht, dass die Kinder die gleiche Erfahrung machen wie ich, als ich ein kleines Mädchen war. Ich hatte nie Lust, ins Schwimmbad zu gehen, saß die ganze Zeit vor dem Computer und spielte den ganzen Tag. Von Tag zu Tag wurde ich immer dicker und ich hatte Angst, dass ich sterben würde, und das nur, weil ich keinen Sport trieb. Ich traute mich kaum noch unter die Menschen. Ich befürchtete, dass mich alle auslachen und ihre Witze über mich machen. Ich war sehr, sehr traurig. Doch dann gingen meine Mutter und ich zum Arzt und er sagte, dass keine Medizin helfen könne außer das eine ... Sport! Meine Mutter und ich waren ab dem Tag die ganze Zeit im Schwimmbad und wir schwammen und hatten Spaß wie noch nie. Einige Wochen später besaß ich meinem Alter entsprechend eine gute Figur. Mein Körper war durchtrainiert und meine

Zoi und Anna halten Schwimmbäder für sehr wichtig.

Zoi und Anna

Kondition erstaunlich. So fröhlich war ich noch nie im Leben gewesen. Nie wieder saß ich vor dem Computer, außer wenn ich ein Referat vorbereiten oder einen Aufsatz schreiben musste. Man sah mich den ganzen Tag draußen Basketball, Fußball oder lauter solcher Sachen spielen. Und ich besuchte auch weiterhin das Schwimmbad, sooft es möglich war. Ich war immer gut gelaunt und habe mich über das Leben gefreut. Darum habe ich mich für diese Maßnahme entschieden. Ich will die Schwimmbäder erneuern und verschönern, nur damit mehr Menschen Lust zum Schwimmen haben."

Als ich fertig erzählt hatte, sah mich der Mann verblüfft an. Dann sprach er zu mir: „Wow, das ist ja faszinierend, dass Sport, vor allem Schwimmen, so wichtig für das Leben eines Menschen sein kann." Der Mann stand auf und wollte gerade gehen, doch bevor er ging, verkündete er mir folgendes: „Frau Oberbürgermeisterin, ich werde jedem von unserem Gespräch erzählen, um alle zu überzeugen, wie Sie es eben mit mir gemacht haben. Ich wünsche Ihnen noch einen wunderschönen Tag. Vielen Dank und auf Wiedersehen." Ich erhob mich von meinem Bürostuhl, reichte dem Mann die Hand und verabschiedete ihn. Als er zu Tür hinausging, schloss ich die Augen und erst dann bemerkte ich, wie müde und erschöpft ich war. Die Uhr schlug sieben.

Nun nahm ich meine Sachen, ging langsam zur Tür, drehte mich um und dachte: „Ich freue mich, morgen wieder hierher zu kommen und in meinem Amt als Oberbürgermeisterin von Mannheim weitermachen zu können." Ich öffnete die Tür, trat raus in den Flur, schloss mein neues Büro und fuhr dann in den Sonnenuntergang nach Hause.

Zoi und **Anna**, beide 12 Jahre

Salome

Lebensraum für Tiere

In Tierheimen würde ich große Käfige machen, wo die Tiere ihren normalen Lebensraum nachgebaut haben. Sie sollten sich wohlfühlen.

Tiere, die in Rudeln leben, sollen zusammen in einen Käfig, Einzelgänger alleine. Bei Kaninchen sollen es mehrere sein, die in einem Käfig sind. Sie sollen ein Freigehege mit Schutzdach haben, wo es Sonne, Schatten, grünes Gras und Erde zum Höhlengraben gibt. Damit die Kaninchen nicht abhauen können, kann man etwa in 3 Meter Tiefe Betonplatten auf dem Boden auslegen und unterm Zaun auch.

Hunde sollen einen großen Platz mit Wiese zum 'rumtollen mit andern haben. Katzen einen Kratzbaum auf 'ner Wiese mit anderen Kätzchen haben. Vögel sollen einen großen Käfig zum 'rumfliegen haben. Hamster einen großen Freikäfig mit Kletterburg und Schaukel. Ebenso wie Hamster auch Mäuse und Meerschweine.

Wenn ich Oberbürgermeister wär', würde ich Straßen abschaffen, damit die Natur nicht verschmutzt wird. Ich hätte das Geld besser verteilt, damit alle Menschen gleich viel haben.

Salome, 10 Jahre

Oliver

Eine Stadt für Superhelden

Der sechsjährige Oliver findet eine Menge an Mannheim gut. Noch mehr aber würde er verändern, wenn er Oberbürgermeister wäre. Er hat uns zwei Listen geschickt.

Finde ich gut:

„MadDogs Mannheim" finde ich gut, weil die Kinder da Eishockey trainieren können; sie spielen sogar in der neuen Mannheimer Arena.

Planetarium finde ich gut.

Mannheimer Messe Karussell fahren finde ich gut.

Im Planetarium finde ich die Tiere gut und das Aquarium.

Ich mag Schwimmbäder mit Rutsche, z.B. in Seckenheim.

Den Brunnen am Paradeplatz finde ich gut, da sollen ein Rennfahrer und Rennautos als Statuen auf Stöcken sein mit Löcher drin. Da kommt Wasser raus. Wenn ich Bürgermeister werde, dann sage ich einem Künstler, der soll machen.

Wünsche ich mir:

An den Wänden sollen große Bilder von Superhelden und Fußballhelden sein. Von Superhelden, die die Menschen retten.

Auf die Bäume muss man Kreuze malen. Das heißt dann, die werden nicht gesägt.

Oliver

Auf allen Autos, Bussen, Straßenbahnen und so sollen Tiere sein.

Im Kindergarten müssen keine Erzieherinnen sein. Die Kinder müssen sich selbst beruhigen. Die Erzieherinnen dürfen zu Hause bleiben, die sollen mehr freihaben.

Die Bänke und Stühle sollen hoch und runter fahren, damit die Kinder bei den großen Tischen rankommen.

Spielzeugautos sollen tun, was die Kinder sagen. Dann sprechen die Kinder was rein, und dann machen das die Autos und fahren da hin. Es soll eine Werkstatt geben, wo die Kinder ihre kaputten Sachen bringen können. Und da ist dann ein Arbeiter, der alles repariert.

Ich wünsche mir, dass der Spielplatz Technologie hat. Das heißt, da gibt es vielleicht eine lange Rutsche und dann drückt man auf einen Knopf und dann kann man überall hinrutschen, wo man will, z.B. ins Weltall oder so. Und dass auf dem Spielplatz Wissenschaftler sind, die den Kindern erklären, wie Technologie geht.

Wenn man einkaufen geht, sollen die Kühe Milch bringen und die Hühner die Eier. Und wenn man in den Laden geht, muss man die dann melken. Und die Verkäufer müssen warten, bis die Henne ein Ei legt.

Es soll so kleine Boote geben, die auch Räder haben. Die gibt's in echt. Das weiß ich! Diese Amphibienfahrzeuge sollen auf dem Neckar und durch die Stadt fahren.

Oliver

Die Wissenschaftler sollen die Maschinen haben, wo die Dinosauriersknochen, die sie finden, untersuchen und gucken, ob die echt sind, oder war ein Scherz. Und dann sollen sie die aufstellen.

Ich möchte, dass die Fußballspielers nicht von Null schießen, sondern wenn ein Tor fällt, wird rückwärts von zehn gezählt und bei Null haben die gewonnen. Und bei Raketen zählt man nicht rückwärts, sondern von Null an, und geht bei zehn hoch.

Die Bürgermeister soll ein Kinder- und Zirkusfestival machen. Da sollen die Tiere frei sein und ein Streichelzoo soll dort sein. Und es gibt essen und die Kinder haben essen frei. Und da gibt es eine Zirkusschule. Das Kinderfestival gibt's nur nachts und dabei gibt es Laternenfest.

Es gibt in Mannheim eine Fußballschule, und es gibt einen Pokal. Und wenn die Kinder da bestanden haben, dürfen sie in ein echtes Stadium. Da soll ein Mann der Lehrer sein, weil die Frauen das nicht so gut können.

Und das soll eine Superheldenschule geben, da können die Kinder trainieren, wie die Menschen retten kann und fliegen lernen.

Dann sage ich, dass die Jugendlichen kein Spray auf die Wand malen, sonst darf sie die Polizei verhaften. Sie müssen den Bürgermeister fragen, was sie auf die Wand malen sollen.

Die Jugendlichen müssen ein Baumhaus haben, zum Reingehen.

Oliver, 6 Jahre

Sina

Schwerer Job

Wenn ich Oberbürgermeister wär' würde ich kleine Toiletten auf die Spielplätze stellen! Denn jedes Kind kennt es, wenn man gerade auf dem Spielplatz spielt muss man plötzlich auf Toilette, und da man nicht in der Nähe wohnt, geht man dann ins Gebüsch. Der Staad beschwert sich immer darüber dass wir Kinder ins Gebüsch machen, natürlich richt das im Sommer nicht so angenehm, und die Pflanzen werden dabei auch krank oder sterben sogar ab, aber manche Kinder haben in der Nähe keine Toilette, und deshalb gehen sie ins Gebüsch, hinter einen Baum, oder, oder ... Aber statz das Geld für immer wieder neue Spielplätze auszugeben, könnte man ja Toiletten anbauen.

Was ich auch blöd finde ist dass wegen dem Industriegebiet unsere Mannheimer Luft verdreckt wird. Und da mein Bruder an Astma erkrankt ist, hat er sehr oft etwas Probleme. Was ich überhaupt nicht mag ist dass es hier so viele Baustellen gibt. Mann könnte ja erst mit der anderen Baustelle anfangen, wenn die andere fertig ist. Was ich gut finde an Mannheim ist, dass die Leute sich sehr gut verstehen. Auserdem finde

ich auch noch gut, dass es in Mannheim sehr viele Grünanlagen gibt, wie zum Beispiel den Luisen- oder Herzogenriedpark.

Aber vieleicht stellen wir uns das alles so einfach vor, aber das ist es bestimmt nicht. Ich würde gerne einen Tag mit dem Oberbürgermeister verbringen um zu sehen wie schwer es in Wierklichkeit ist!

Sina

Nicolas

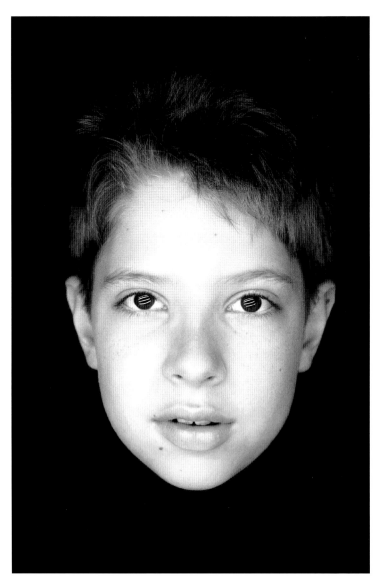

Nicolas (10) betätigt sich als Stadtplaner.

Nicolas

Mein Haus, mein Theaterstück, mein Kurzfilm

Mannheim aus der Sicht eines ungewöhnlichen zehnjährigen Jungbürgers

Nicolas hat schon mal ein Rathaus gebaut. Er beschäftigt sich mit der Anlage ganzer Siedlungen, schreibt kleine Theaterstücke und hat einen kurzen Film gedreht.

Auf den ersten Blick scheinen diese Aussagen überzogen. Begegnet man dem Zehnjährigen, dann merkt man jedoch, dass es sich weder um Übertreibungen noch um Hexerei handelt. Auch nicht um Angeberei, auf diese Idee käme der Junge gar nicht, er hat auch genug andere. Natürlich setzt sich der Viertklässler nicht an ein Architektenreißbrett und berechnet fachmännisch die Statik seiner Bauten. Alles, was er macht, entsteht aus seinem Spiel heraus. Nur, dass er sich dabei sehr intensiv mit der Materie auseinandersetzt, auch über Hintergründe und Zusammenhänge nachdenkt und vieles einfach ausprobiert. Und dann hat er eben noch das Händchen, das ihm dazu verhilft, dass vieles tatsächlich gelingt - was ihn dazu ermutigt, weiteres zu versuchen.

Fangen wir einfach mit seinem Bild an, das er für den Wettbewerb zum Buch eingeschickt hat. Man kann auf den ersten Blick sehen, welche Freude und gleichzeitig intensive Arbeit darin steckt. Geradezu detailversessen legt Nicolas diese kleine Siedlung am Neckarufer an. Häuser stehen da, in denen man wirklich gerne wohnen würde, keins ist wie das andere. Freundliche Gärten und Grünanlagen tun dem Auge wohl, Pferde grasen, schmucke Zäune säumen akkurat die Straßen und Wege und leiten perspektivisch den Blick in den Hintergrund. Nichts fehlt, selbst am Horizont jenseits des Flusses deutet eine Linie die Skyline der City an.

Nicolas malte nicht einfach ein schönes Bild mit ebenso viel Hingabe wie Begabung. Was er zu Papier brachte, hatte für ihn tiefen Sinn. Er setzte

Nicolas

sich mit der Stadtarchitektur auseinander, die er in unmittelbarer Nähe seiner Wohnung vorfindet, und entwarf einen Gegenvorschlag. Nicolas gefällt die Nordbebauung des Neckarufers gegenüber der City mit seinen Hochhaustürmen und Terrassenhäusern nicht. Betonwüste in seinen Augen, städtebaulich nicht schön und lebensfeindlich. Er kann sich vorstellen, wie es schöner aussähe, und macht seinen Entwurf im Kopf zu einem Bild, das jeder ansehen kann. „Es ist wichtig, dass Tiere da sind", erklärt er. Und es müssen neben größeren auch „kleinere Häuser da stehen für Leute, die sich nicht so viel leisten können." Lebensqualität, zugeschnitten auf den jeweiligen Geldbeutel.

Häuser gibt es in Nicolas' Freizeitaktivitäten nicht nur als Bild, er geht auch in die dritte Dimension. Mit Legosteinen experimentiert er oft und

„In der Nähe unseres Hauses steht die Neckarpromenade. Mir gefällt sie überhaupt nicht. An ihrer Stelle könnte man eine viel schönere Wohnanlage, zum Beispiel einzelne Häuser oder kleinere Mehrfamilienhäuser mit Gärten bauen."

Nicolas

viel und hat einmal eine ganze Siedlung gebaut. Als Anregung diente ihm dazu ein Prospekt mit Städtebildern. Er fing einfach irgendwie an, und es machte ihm so viel Spaß, dass immer mehr dazukam. Das Rathaus, das er schließlich errichtete, geriet ihm besonders aufwendig. Die Freitreppe davor besaß ein eigenes Geländer. An der Seite wachten Löwenköpfe über den Eingang, und auch zwei kleine Laternen durften nicht fehlen: Gedruckte Abbildungen irgendwo brachten ihn darauf, wie man Laternen aus den Noppensteinen bauen könnte. „Dann guck ich halt, ob ich das auch hinkriegen könnte, und probiere es einfach aus." Auf dem Dach des Rathauses entstand schließlich ein kleines weiteres Haus. Vorbild dafür waren die Dachgauben, auf die sein Blick fällt, wenn er aus dem Fenster in den Hinterhof blickt.

Auch bei Burgen ist Nicolas vom Bau, nichts kann sein Interesse stoppen. „Ich guck mir vorher in Büchern an, was ich dafür alles brauche." Er besitzt sogar ein Burgen-Lexikon, das er dafür zu Rate zieht. Als Material dienen Teile, die man fertig kaufen kann, aber Eigen(er)findungen kommen hinzu. Eins fügt sich dann zum anderen. Das Schulfach Deutsch nämlich hat er recht gern, „weil in Aufsätzen bin ich oft sehr gut". Daher greift er auch bei anderen Gelegenheiten zu Papier und Stift. So kam es, dass der Ablauf eines Ritterspiels in einer selbstgebauten Burg ihm so gut gefiel, dass er sich hinsetzte und das aufschrieb.

Ein aufgeschriebenes Spiel! Das ist ja wie beim Theater, nur umgekehrt! Dort wird zuerst geschrieben, und dann wird danach gespielt. Ja, bestätigt Nicolas, Theater hat er auch schon gespielt, in der Schule war das. Aber dann! Dann hat der junge Mann auch noch einen Ritterfilm gedreht! Zugegeben, der ist nur 15 Sekunden lang, aber es ist eine Bilderfolge mit einer Handlung.

Ein Zehnjähriger, der erst die Entdeckung macht, dass etwas, das man spielte, auch geschrieben in Worten festzuhalten ist. Der dann herausfindet, dass man auch die Aufzeichnungsart ändern und statt Worten Bilder benutzen kann. Der sich die Digitalkamera schnappt, eine Folge von Bildern schießt. Der die Ritter, also die Figuren des geplanten Films, dabei eine immer leicht veränderte Stellung einnehmen lässt, die nach-

Nicolas

einander eine Bewegung ergeben. Der noch rasch die Hilfe des Vaters in Anspruch nimmt, der weiß, wie man per Videoprogramm im Computer die Fotos hintereinander montiert. Voilà, fertig ist der Ritterfilm. Idee, Kamera und Regie: Nicolas!

Inzwischen arbeitet der junge Künstler an einem Zeichentrickfilm. Die Bilder malt er selbst. Und er hat auch schon eine Technik heraus, die Zeit sparen hilft: ausgeschnittene Figuren, die vor einem bestimmten Hintergrund animiert werden, sodass man nicht immer ein ganzes Bild von Grund auf neu malen muss. Die Handlungen, die ihm zu einem möglichen Film einfallen, behält er im Kopf, aber wenn nötig, hat er sie auch schon aufgeschrieben. So wird ein Drehbuch daraus, und Mannheim wird wohl in absehbarer Zeit einen jungen aufstrebenden Autorenfilmer hervorbringen, der Kuscheltiere von einer Zeit erzählen lässt, in der sie noch in Ritterrüstungen lebten.

Schnitt. Wir sitzen mit Nicolas am Tisch in der elterlichen Küche und unterhalten uns. Was macht ein Oberbürgermeister eigentlich?
Der hat einen Kreis von Beratern. Natürlich kann der Oberbürgermeister selber die Entscheidungen fällen. Aber manchmal haben auch seine Experten eine Idee und fragen dann ihren Chef, ob er einverstanden ist. Und manchmal wird gemeinsam abgestimmt.

Was ist die wichtigste Aufgabe eines Stadtoberhauptes?
Rechnungen erledigen für die Stadt! Steuern zusammenrechnen. Sich um die Schulden kümmern, die die Stadt noch bezahlen muss. Sonst könnte er ja nicht wissen, ob das Geld reicht. Diese Dinge macht er nicht am liebsten, aber er muss es machen. So ähnlich wie Hausaufgaben stelle ich mir das vor.

Was ist das Zweitwichtigste?
Der Stadt, also den Bürgern zu gefallen, damit er wiedergewählt wird. Das ist so ähnlich wie beim Bundeskanzleramt, nur kleiner.

Nicolas

Gibt es Dinge, die ein Amtsträger nicht tun darf oder sollte?
Eigentlich darf er alles, aber die Regeln einhalten muss er auch. Wenn er selber etwas verbietet, darf er es nicht machen, nur weil er der Oberbürgermeister ist.

Darf er Dinge tun, die ein bisschen verrückt sind?
Er muss so aussehen, dass man ihn erkennt. Sonst würde man vielleicht einen Punk auf der Straße für den Oberbürgermeister halten. Er sollte so was Ähnliches wie eine Uniform tragen, damit man ihn nicht verwechselt.

Wie wichtig ist es für Mannheim, dass die Stadt zwei Flüsse hat?
Immerhin ist der Rhein der größte Fluss Deutschlands! So liegt Mannheim also an einem sehr bekannten Fluss.

Wäre es nötig, dass an Gebäuden in Mannheim etwas verändert wird?
Die Gebäude sollten so sein, dass die Menschen etwas davon haben, die hier leben. Und es sollte Gebäude geben, die Mannheim berühmt machen.

Wenn du als Oberbürgermeister eine Neujahrsrede zu halten hättest, was würdest du deinen Bürgern sagen?
Ich würde die Leute fragen, ob ihnen meine Ideen gefallen. Dann würde ich die Pläne der nächsten Zeit verkünden, also zum Beispiel, dass irgendein Quadrat abgerissen und neu gebaut wird oder so was. Und ich würde ihnen den Umweltschutz erklären. Sonst machen wir doch unsere eigene Stadt schmutzig.

Nicolas, danke für das Gespräch.
Darf ich noch etwas sagen? Ich habe schon mal meine Eltern gefragt, wie teuer die Neckarpromenade eigentlich ist mit den Hochhäusern und den Terrassenhäusern und dieser Autogarage darunter. Ich finde, das sollte abgerissen und so aufgebaut werden, wie ich es gemalt habe. Ich habe viele Freunde, die dort gewohnt haben, aber ausgezogen sind. Ich habe mich bei dem Wettbewerb zu dem Buch gefreut, dass ich meine Idee zur Neckarpromenade einschicken und veröffentlichen kann.

Zehra

Erst die wichtigen Sachen

Zehra möchte, dass das Geld erst für das Wichtige ausgegeben wird.

Als Oberbürgermeisterin würde ich wenigere Baustellen haben, weil nur das Notwendigste gebaut oder repariert werden würde. Wenn man mehr Geld hat, würde ich erst dann das Unwichtige bauen oder reparieren. Ich würde auch mehr Hundesandkasten bauen damit die Hunde ihre Häufchen machen können und es ein- oder zweimal in der Woche reinigen lassen. So hat man auch mehr Arbeitsplätze.

Ich würde dann auch eine Organisation gründen, in der freiwillige Bürger und Oberbürgermeister/innen mithelfen können. Dazu 10 Euro pro Stunde, damit die Bürger nicht leer ausgehen. Ich würde auch mehr Arbeitsplätze schaffen, denn ich finde es gibt zu viele Arbeitslose. In der Stadt Mannheim sind schon welche auf der Straße, die erst Mitte- oder Anfang 20 sind und betteln. Das ist für die Bürger und besonders für die Kinder nicht gut und auch kein gutes Vorbild!!

Zehra

Ich würde dann noch wichtigen Sachen bauen lassen wie einen Hundepark. Da können die Besitzer mit ihren Hunden spielen und auf eine Paarcour üben. Ich würde ein Gesetz erfinden, dass kein Kaugummi auf die Straße geworfen wird oder auf die Straße gespucket. Aber nur wenn man keinen Schleim im Hals hat, dann darf man auf die Straße spucken. Man müsste diejenigen die dann Schleim im Hals haben aufschreiben und zwar in ein Extra Notizbuch. Wenn einer 10mal in 2 Wochen vorkommt dann müsste er eine Verwarnung bekommen.

Zehra, 12 Jahre

Lukas

Farbige Quadrate

Wenn ich Oberbürgermeister von Mannheim wäre, dann würde ich viele Dinge in dieser Stadt ändern. Einige davon werde ich im Folgenden auflisten.

Zuerst wäre zu sagen, dass die Innenstadt nicht sehr kreativ wirkt, da fast alle Gebäude in einem langweiligen Grauton angestrichen sind. Also würde ich in einem Projekt, welches eventuell mit den Mannheimer Schulen durchgeführt werden könnte, jedes Quadrat in einer anderen Farbe anstreichen. Aufgrund der Masse an Farbe und Fläche wäre ein Helikopter mit einem großen, umklappbaren Bottich an seiner Unterseite recht hilfreich, da man mit seiner Hilfe schnell und effektiv die Quadrate bunt machen könnte.

Lukas

Da dieses Projekt natürlich auch einen hohen Kostenpunkt besitzt, komme ich gleich zur finanziellen Verteilung der Stadtgelder. 40 Prozent der Stadtgelder sollten in die sportliche Förderung der Vereine fließen, da es klar ist, dass die Kinder in der Stadt wenige Möglichkeiten der Bewegung haben und so viele Menschen zu dick werden. 20 Prozent gehen in die öffentlichen Einrichtungen wie zum Beispiel Schulen, die es doch teilweise recht nötig hätten, restauriert zu werden. Die restlichen 40 Prozent sollten wie gewohnt verteilt werden.

Wo wir gerade bei der Bildung sind, sollte es in den Schulen doch noch mehr Projekte und Exkursionen geben, da diese Abwechslung aus dem Schulalltag garantieren und sehr informativ sind. Insbesondere bei den Projekten lernen Schüler Verantwortung zu übernehmen und erhalten durch das Ergebnis mehr Selbstvertrauen.

Wenn man diese Punkte nun außer Acht lässt, muss ich doch sagen, dass in Mannheim sehr viel getan wird und ich mich hier sehr wohl fühle. Jedoch könnten diese Punkte ein Anreiz sein, eventuell einen von ihnen durchzuführen.

Lukas, 14 Jahre

Jessica

Schwerer Beruf, aber spitze!

Nach einer sehr knappen Wahl der Bürger wurde ich Oberbürgermeister. Ich hatte Kinder! Eine Tochter mit zwölf Jahren und einen Sohn mit vierzehn Jahren. Meine Tochter heißt Kasandra und mein Sohn heißt Daniel. Sie wollten unbedingt mehr Spaß beim Lernen haben. In den Schulen war es in der Tat nicht grade prickelnt. Sie hatten bis 17.30 Uhr Schule, wie alle Kinder auch. Sie wollten, dass ich etwas unternehme und das tat ich dann auch. Ich schaute mir einige Schulen an, wie es dort so ist, und es war grauenvoll. Die Kinder waren nach sieben Stunden müde und sie hatten noch viele vor sich. Ich beschloss den Kindern zu helfen.

Die Lehrer waren zwar zu den Erwachsenen nett, aber zu den Kindern, die sich manchmal einen Spaß erlaubten sehr streng. Ich sprach mit den Lehrern, aber es brachte nichts, die Woche drauf war ich wieder in der Schule! Ich ordnete in allen Schulen an, dass die Kinder nur bis 14.15 Uhr und im Sommer nur bis 13.10 Uhr Schule haben dürfen. Nicht in allen Schulen hielten sich alle an meine Regel und deswegen strich ich den Lehrern die sich nicht dran hielten den Lohn ab. Nach einer Zeit von zwei Wochen hatten alle Schulen bis 14.15 Uhr im Winter und 13.10 Uhr im Sommer Schule.

Ich machte noch viel mehr, aber ich erzähle euch mal von der Überraschungsfeier die ganz Mannheim für mich veranstaltet hat. Am Samstag den 23.Oktober hatte ich Geburtstag! An diesem Tag fand die Feier statt. Wie jeden Samstag fuhr ich zum Marktplatz. Es schien alles normal zu sein bis ich den Vorhang entdeckte. Aufeinmal ging der Vorhang auf und alle schrien: „Alles Gute zum Geburtstag!" Ich freute mich riesig und die Überraschung ist wirklich gelungen. Es gab sehr viele Spiele, Essensstände und eine drei Meter hoche und lange Torte zu meinem Geburtstag. Es war sehr laut. Die Feier ging erst um Mitternacht zu Ende.

Jessica

Ich machte noch viele anderen Sachen und nicht nur für die Kinder, sondern auch für die Erwachsenen. Dadurch wählten mich alle Bürger immer zum Oberbürgermeister. So vergingen schon über zwei Jahre und ich war in ganz Mannheim sehr beliebt.

Alle Schulen verantstalteten für mich viele Feste und daswegen nahm ich aus der Staatskasse Geld und die Schulen die für mich ein Fest veranstaltet haben, durften nach Amerika für eine Woche mit der Klasse fahren. Alle waren glücklich. Natürlich war ich auch glücklich.

Ich machte es möglich mehr Fußballvereine zu gründen. Das war aber noch nicht alles. Für die Mädels angagierte ich mehr Modelsagenturen und mehr Ballettvereine. Das alles dauerte drei Jahre bis alles war, wie ich es haben wollte. Die Arbeit war sehr schwer, aber ich schaffte es. Das alles kann ich meinen Kindern verdanken, denn sie haben mir sehr geholfen und das finde ich auf jeden Fall prima.

Die ganze Stadt Mannheim ist jetzt gut geworden. Ich begann auch viele Sachen anders zu machen, zum Beispiel in die Kirche öfter zu gehen. Mit jedem Tag lernte ich immer was dazu und meine Familie auch. Das mit dem Oberbürgermeister ging übrigens noch über dreißig Jahre. Meinen Beruf fand ich spitze.

Jessica

Joshua

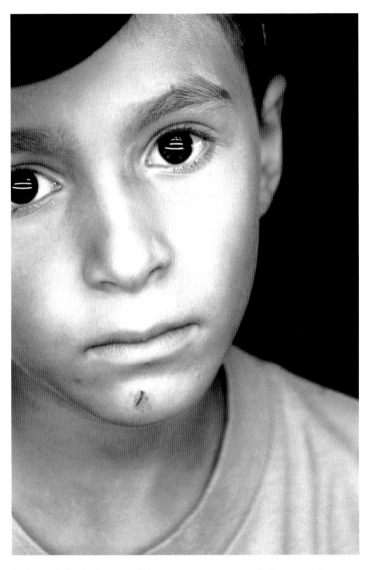

Joshua würde die Polizei mit ferngesteuerten Handschellen ausrüsten, damit sie sich nicht an den Verbrechern die Hände schmutzig machen muss.

Joshua

Am besten Roboter

Joshua ist acht Jahre alt und wäre am liebsten auf Verbrecherjagd. Er hat dafür so tolle Ideen, dass er sicher als technischer Berater der Polizei arbeiten könnte. Ein paar Fragen zu anderen Themen hat er uns schließlich aber doch noch beantwortet ...

Joshua, wenn du über die ganze Stadt Mannheim bestimmen könntest, was wäre das Wichtigste? *Als allererstes würde ich alle Verbrecher wegschicken! Ins Gefängnis oder nach Amerika: „Was? Du warst böse? Ab ins Gefängnis!"*

Was müsste denn die Polizei besonders gut können, um die Verbrecher auch fangen zu können? *Die Polizei müsste natürlich die schnellsten Autos haben, die es gibt. Und die schnellsten Motorräder, wie der Papa eins hat.*

Was bräuchte die Polizei an Hilfsmitteln, um die schweren Jungs einzulochen? *Am besten Roboter, damit die Polizisten nicht selbst rennen müssen. Und ferngesteuerte Handschellen. Sie sollen an den Verbrechern doch keine schmutzigen Hände kriegen!*

Wie müsste das Gefängnis aussehen, damit die Verbrecher nicht ausbrechen können? *Die Mauern wären mindestens zehn Meter hoch! Und vor jede Zelle käme ein Wachposten.*

Was würde deine Polizei denn machen, damit die Verbrecher ja nie wiederkommen? Wie werden die bösen Menschen nach Amerika geschickt, damit sie auch dort ankommen und nicht unterwegs verschwinden? *Sie müssten selbst mit Booten hinrudern wie in den Piratenfilmen die auf den Galeeren.*

Was würdest du außer der Verbrechensbekämpfung in Mannheim noch machen? *Wenn ich so viel Geld hätte wie ein Bürgermeister - weißt du, der*

Joshua

hat nämlich ganz schön viel Geld - dann würd ich mir erst ein Kindermotorrad kaufen und vom Rest würde ich noch ganz viele Spielplätze bauen! Unser Spielplatz ist nämlich schon ganz alt und dreckig.

Wo auf dem Spielplatz ist es denn besonders dreckig? *Na, da liegt der Hundedreck!*

Was braucht ein Spielplatz unbedingt, damit er schön ist? *Auf jeden Fall ein riiiesen Klettergerüst. Und eine Seilbrücke! Und ... und eine Schaukel, mit der man Überschlag machen kann. Und noch vieles mehr.*

Und für Mama würde ich noch eine neue Küche kaufen!"

Aha! Was wäre denn das Wichtigste, das in die neue Küche von deiner Mama reinmüsste? *Eine Nudelmaschine, ein Pizzaofen und eine Friteuse für die Pommes!*

Warum dürfte das auf keinen Fall fehlen? *Weil ich dann nix anderes mehr zu essen brauch!*

Darja

Sehen, wie es anderswo aussieht

Wenn ich ein Oberbürgermeister wäre, dann würde ich die Vermieter fragen ob jeder Spielplatz so wäre: Es gibt einen wunderschönen Turm und eine Burg ist auch noch dabei. Dort ist ein Seil und eine lange Treppe die im Kreis geht. Es gibt noch viele Häuser in denen es schön gemütlich ist. Zwei Stangen gibt es auch. Wenn man sich ganz leicht anschuppst dann dreht es sich ganz schnell.

Jugendliche rauchen aber das wollen die meisten nicht. Und dass kein Schmuz auf den Boden liegt. Wenn solche blöde Männer kommen und sagen: „Seid leise sonst halte ich die Schaukeln an und ruf die Polizei." Damit diese Männer in eine andere Gegend ziehn.

Ich könnte sagen, dass an der Käthe-Kollwitz-Grundschule alles schöner wird, dass alle gut rumlaufen können und die Blumen gut riechen können. Und dass manche Verstekeles spielen können.

Weil ich aus Russland kam und die Stadt heißt Sankt-Petersburg die Stadt ist so schön dass meine Mitschüler/innen auch dort hin gehen und sehen wie das aussieht. Einige Mitschüler/innen sind auch aus verschiedenen Ländern gekommen und es dort so schön ist möchte ich mal mit meiner Klasse dort hingehen.

Darja, 9 Jahre

Für Nicht-Mannheimer: Die Käthe-Kollwitz-Grundschule im Herzogenried wird ab dem Jahr 2006 komplett neu gebaut; das alte, baufällige Schulgebäude wird abgerissen.

Paula

Kinderakademie, Flüsseviertel, Kunst ...

An Mannheim gefällt mir ...

An Mannheim finde ich gut, dass es die Kinderakademie gibt, weil ich in verschiedenen Arbeitsgemeinschaften mit Spaß viele spannende Dinge lernen konnte. Außerdem gefallen mir die Parks, weil ich dort mit Freunden toben, Tiere beobachten und picknicken kann, und weil es keine Hundehaufen gibt. Die verschiedenen Freizeitangebote sind toll, z.b. in meinem Stadtteil der Kinderchor der Melanchthonkantorei. Die Melanchthongemeinde ist engagiert. Es gibt Kindergottesdienste und eine Jungschar. In der Uhlandschule sind viele tolle Lehrerinnen und Lehrer. Besonders schön ist das Projekt „Kunst macht Schule". Im Nationaltheater kann ich viele verschiedene Stücke angucken. Das „Flüsseviertel" der Neckarstadt hat viele Bäume, Sträucher und Blumen.

An Mannheim gefällt mir nicht ...

Es gibt zu viele Hundehaufen auf den Gehwegen und zu viel Müll auf den Straßen und Plätzen. In öffentlichen Gebäuden, z.B. Schulen und Krankenhäusern, und auf der Straße wird zu viel geraucht. Außerhalb des Flüsseviertels, z.B. in der Cannabichstraße, gibt es viel zu wenig Grün. An manchen Fußgängerampeln, z.B. am Klinikum, dauert es zu lange, bis es Grün wird.

Was ich machen würde ...

Ich möchte, dass Hundebesitzer stärker kontrolliert werden und eine Strafe zahlen müssen, wenn ihre Hunde Haufen auf den Gehweg machen und sie die Haufen nicht wegmachen. Auch diejenigen, die ihren Müll auf die Straße schmeißen, würden entweder bezahlen oder müssten selber eine Straße säubern. In Schulen und öffentlichen Gebäuden, aber auch in Gaststätten würde ich das Rauchen verbieten. Dort, wo etwas Neues gebaut wird, würde ich darauf achten, dass es genügend Pflanzen

Paula

Paula ist von dem "Flüsseviertel", in dem sie wohnt, sehr angetan. Das sieht man auch an der Skulptur, die sie aus Papier und Farbe gebastelt hat.

dabei gibt (aber keine Platanen, weil die Samen die Augen von Fußgängern und Fahrradfahren so reizen). Alle Fußgängerampeln würde ich überprüfen lassen, denn wenn es zu lange dauert, bis Grün wird, gehen viele Menschen einfach bei Rot. In den Schulen würde ich mehr Sportstunden fordern. In jedem Stadtteil müsste es Spielstraßen geben. Ich würde einen Abenteuerspielplatz mit einer großen Kletterwand und einem Klettergerüst, großen Schaukeln, einer Riesenrutsche, Baumhaus und einem Bach mit Tipis bauen lassen. Einen Platz dafür würde ich suchen und Sponsoren auftreiben.

Paula, 10 Jahre

Sebastian

Sport, Musik und Farbe

Wenn ich Oberbürgermeister wäre hätte ich natürlich eine ganze Menge Pflichten und Verantwortungen. Einerseits würde ich gute Politik machen wollen, andererseits muss ich die Gemüter der Bürger zufrieden stimmen, damit sie mich wieder wählen.

Als erstes würde ich die 39 Stunden Woche auf 35 reduzieren und versuchen bessere Arbeitsbedingungen für Klinikärzte zu schaffen, da diese sehr viel und hart arbeiten müssen und schlecht bezahlt sind. Denn wer lange und sehr konzentriert arbeitet benötigt Regerationszeit, um sich zu erholen. Schließlich wollen wir doch fitte und ausgeruhte Ärzte, die unser Leben retten oder verlängern.

Um das Problem der dicken Kinder in Mannheim zu beseitigen würde ich Sportclubs aller Art finanziell unterstützen, denn wer sich bewegt nimmt ab und wem Sport Spaß macht, der bewegt sich viel.

Natürlich würde ich auch musikalische Projekte kräftig unterstützen, doch nun zum Sport: Ich würde versuchen mehr sportliche Großereignisse wie Boxkämpfe, Handballländerspiele, Motocross oder Wrestlingkampfe in die Mannheimer Arena zu holen. Auch Auftritte von Xavier Naidoo, Söhne Mannheims oder Bon Jovi würden der musikalischen Seite der Stadt nicht schaden. Schließlich will doch jeder in unserer Arena auftreten!

Und nun zur farblichen Gestaltung. Ich bin der Meinung dass Mannheim an der einen oder anderen Stelle farblich sehr unpassend dargestellt ist. Zum Beispiel die Kindergärten in Mannheim. Kleine Kinder mögen es sehr bunt, deshalb sollten alle Kindergärten (wenn nicht schon vorhanden) mit leuchtenden Farben angestrichen werden. Wenn dann darauf noch Gesichter von berühmten Zeichentrickhelden gemalt werden, würden sich die Kinder bestimmt freuen und sie würden lieber in den Kindergarten gehen.

Sebastian

Doch weg von den Kindern zu einem anderen Problem: dem Müll. Und zwar vor allem in der Innenstadt. Mit härteren Gesetzen und schärferen Kontrollen sollte man versuchen die Leute dazu zu bringen, ihren Müll nicht mehr auf die Straße zu werfen. Auch mehr Putzkolonien würden da helfen.

Doch eigentlich finde ich machen unsere Politiker in diesem Punkt gute Arbeit.

Sebastian, 14 Jahre

Bei einigen Texten der älteren Kinder ist uns aufgefallen, dass Sport und die finanzielle Förderung desselben (insbesondere des Vereinssportes) mehrfach erwähnt und gefordert wurden. Vom vierzehnjährigen Sebastian, der selbst begeistert in einer Hockeymannschaft spielt, haben wir uns einen Zusatztext erbeten und erhielten ein flammendes Plädoyer für den Hockeysport in Mannheim.

In einem fiktiven Szenario stellen wir uns nun Sebastian als Ersten Bürgermeister Mannheims mit dem Superdezernat „Sport und Finanzen" vor und führen ein „Interview" mit ihm.

??? Sebastian, Sie wurden gerade von allen Dezernenten Mannheims einstimmig zum Ersten Bürgermeister Mannheims gewählt. Hat dabei mitgeholfen, dass Sie ein Superdezernat mit den Sparten Sport und Finanzen leiten? Um deutlicher zu werden: Steht im Hintergrund der Wahl ein Machtkampf, der von vornherein zu Ihren Gunsten entschieden war?
Erster Bürgermeister Sebastian: Ich glaube nicht, dass diese Entscheidung übermäßig mit meiner Person zu tun hat. Sie ist rein von den Inhalten

bestimmt, die ich vertrete. Hockey ist ein schöner Sport, der sehr viel Spaß macht. Um die Jugend ausreichend zu fördern, sollten die Hockeyvereine in Mannheim (TSV und MHC) über eine gute Infrastruktur verfügen. Dafür habe ich mich schon immer eingesetzt und werde das nun weiter mit Nachdruck tun. Denn wenn man gute Plätze und Hallen hat, können die Trainer sich voll aufs Training konzentrieren. Offenbar sehen das die anderen Dezernenten auch so und haben mich darum gewählt.

??? Woran liegt es Ihrer Meinung nach, dass Hockey so unbekannt ist? Die Sportart ist ja in Mannheim nicht ohne Erfolg.
EB Sebastian: Ja, Hockey ist leider eine Randsportart, und das, obwohl Deutschland Weltmeister ist. Viele Leute kennen sie gar nicht, es sollte mehr Werbung gemacht werden. Man könnte Hockeyländerspiele nach Mannheim holen und für diese werben. Denn ich glaube, dass Hockey jedem Zuschauer gefallen wird; es ist schnell, spannend und für alle geeignet.

??? Welche Fördermöglichkeiten sehen Sie speziell in Mannheim? Was wollen Sie unternehmen?
Da Hockey eine sehr reizvolle, aber auch anstrengende Sportart ist, wären Feriencamps (Australien, Malaysia) genau das Richtige. Hier könnte man sich besser kennen lernen. Ich finde nämlich, dass man eine Mannschaft sein muss, um Erfolg und Spaß zu haben. Das heißt, die Mannschaft muss sich untereinander verstehen.

??? Oberbürgermeister Lukas hat in Sachen Finanzen eindeutig für Ihre Position Stellung bezogen und gefordert, dass 40 Prozent des kommunalen Etats in die Förderung des Vereinssports fließen sollen, 20 Prozent in öffentliche Einrichtungen, zum Beispiel Schulen. Können Sie sich dazu äußern?
Richtig, das Schulhockey ist eine wichtige Sache! Für alle, die es noch nicht wissen: Beim Schulhockey treffen verschiedene Schulen aufeinander, die gegeneinander spielen. Leider gibt es davon nur zwei Veranstaltungen im Jahr, nach meiner Meinung viel zu wenige. Man muss die Schulen finanziell unterstützen, damit man auch internationale Spiele veranstalten kann. Das Wichtigste ist natürlich, dass die Kinder Spaß am Hockey haben, sonst hat das alles keinen Sinn. Darum ja auch mein Plädoyer, das zu unterstützen, was in den Vereinen bereits ehrenamtlich geleistet wird! Maßnahmen wie

Sebastian

die oben erwähnten Feriencamps kosten Geld; woher sollen die Vereine das nehmen ohne Hilfe der Stadt? Natürlich kann man mit den eben genannten Reizen die Kinder und Jugendlichen motivieren, die Entscheidung liegt freilich bei ihnen und ihren Eltern. Hierauf fördernd einzuwirken ist mein Ziel in den kommenden Jahren.

!!! Erster Bürgermeister Sebastian, wir wünschen Ihnen viel Erfolg für Ihre Arbeit!

Für Nicht-Mannheimer: Die Sportart Hockey steht zwar an Popularität hinter dem Eishockey zurück, ist aber in Mannheim sehr erfolgreich: Der Mannheimer Hockeyclub (MHC) wird, was seine Jugend betrifft, als der erfolgreichste Hockeyverein Baden-Württembergs bezeichnet. Die Damen und Herren des MHC spielen in der Saison 2006/ 2007 in der 2. Hockey-Bundesliga. Beim TSV Mannheim war die männliche bzw. weibliche Jugend (Feld bzw. Halle) insgesamt fünf Mal Deutscher Meister zwischen 1978 und 1999, zuletzt waren die TSV-Damen zwei Mal (2002, 2003) Deutsche Vizemeister in der Halle. Fanny Rinne machte als Mannheimer Hockeyspielerin international Furore und wurde u.a. 2003 Weltmeisterin (Halle) und 2004 Olympiasiegerin.

"Oberbürgermeister Lukas": siehe Beitrag von Lukas S. 202/203

Alina

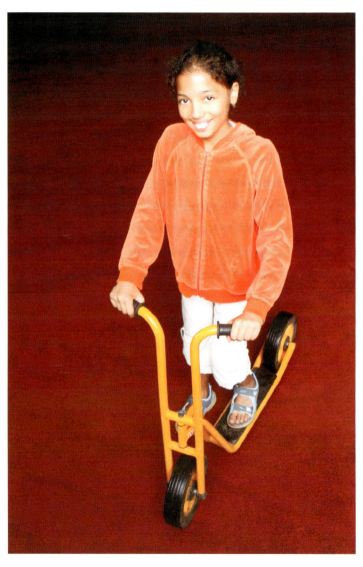

Alina würde gerne Tiere, Pflanzen und Essen aus anderen Ländern kennen lernen.

Alina

Alle Pflanzen und Tiere der Welt

Hallo ich bin Alina und ich wohne in der Vogelstang. Wenn ich Oberbürgermeisterin wär hätte einen Naturparkzoo bauen lassen. Es sollten dann alle Pflanzen auf der Welt drin sein. Und es sollte in Mannheim ein Schutz für Pflanzen und Tiere geben.

Es sollte ein Pflanzenschauhaus geben, und der Zoo dazu. Es sollten Tiere z.B. alle Raubkatzen alle Affen und alle Vögel, viele Reptilien, eben alle Tiere. Und wenn wir auch mal andere Pflanzen sehen, und zu den Pflanzen auch ein Schild hinstellen damit man weiß wo die Pflanzen und Tiere herkommen und ob sie gefährlich sind. Die Tiere sollen ein großes Gehege haben.

Und es sollte ein Landesrestoron geben damit man anderes Essen auch probiert.

Alina, 10 Jahre

Jonas

Kennen Sie Frauheim?

Jonas hat mit dem Namen seiner Stadt einen Scherz gemacht.

Ich heiße Jonas und bin 10 Jahre alt. Seit vier Jahren lebe ich in Mannheim und mir ist aufgefallen, dass Mannheim eine sehr bekannte Stadt ist. Daher sind in Mannheim viele Ausländer und Touristen. So ist das Schloss das zweitgrößte in Europa und ich höre immer wieder einiges über Mannheim im Radio, wie über die Arena of Pop im Mannheimer Schloss oder die „Söhne Mannheims".

Das Bild habe ich vor 3 ½ Jahren gemalt. Ich habe es gemalt, weil mir der Name Mannheim sehr lustig vorkam. Daraus habe ich mir einen Scherz gemacht und habe es Frauheim genannt. Ich habe den Hauptbahnhof verwendet, weil an ihm die meisten Touristen landen und er dadurch am bekanntesten ist.

Jonas

Unter der Tür des Waggons ist eine Deutschlandflagge abgebildet, weil ich finde, dass Mannheim die sympathischste Stadt Deutschlands ist, weil sie viele alte Gebäude hat und direkt am Rhein liegt, wo eine viel schönere Atmosphäre ist als in anderen Städten.

Der Waggon sieht aus wie ein Haus, weil es das <u>Heim</u> von Mann- bzw. Frauheim darstellen soll. Der Baum im Hintergrund zeigt, dass Mannheim eine sehr naturreiche Stadt ist. Der wenige Rauch von der Lokomotive soll auch verdeutlichen, dass Mannheim eine sehr saubere Luft hat. Die großen Hände der Frau zeigen, dass Mannheim viel anpackt und alles im Griff hat.

Wenn ich Oberbürgermeister wäre, würde ich die Verbindungen von Bussen und Bahnen und damit auch die Verbindungen der Stadtteile besser machen und dafür sorgen, dass sie pünktlicher kommen. Ich würde mehr Freizeithäuser bauen, um Freunde zu treffen und Sport zu machen, Fußball und Basketball zu spielen.

Ich würde - wie in Ludwigshafen - auch in Mannheim Sandplätze am Rhein bauen, wo man einfach mal entspannen kann. Ich würde noch in der Innenstadt ein bisschen die Sauberkeit verbessern, dann wäre Mannheim perfekt.

Jonas, 10 Jahre

Leo

Cool. Wird viel geboten

Mannheim ist eine coole Stadt. Die Stadt bietet viel für Kinder, z.B. den Minimarathon jedes Jahr. Da habe ich schon mal mitgemacht und selbst beim dicksten Unwetter hat er mir richtig Spaß gemacht. Am Neckar kann man stundenlang Rad fahren und hat viel Ruhe dabei oder man kann einfach nur die Schiffe beobachten. Das Nationaltheater bietet auch etwas für Kinder. Jeden Monat habe ich die Möglichkeit, ein lustiges Stück anzusehen. Aber man lernt dort auch etwas, wie z.b. dass der berühmte Mozart mal in Mannheim war.

Der Wasserturm ist das Wahrzeichen und sehr wichtig für Mannheim, deshalb ist dort auch immer wieder mal was los. Den Weihnachtsmarkt finde ich am besten, am liebsten mag ich dort die Bratwürste und das große, alte Karussell. Das ist nicht nur für kleine Kinder.

Dann gibt es da noch den Luisen- und den Herzogenriedpark. Dort hat es viel Platz zum Austoben und Entspannen. Die Spielplätze sind sehr groß und es gibt vieles zu erleben. Andere Kinder kommen extra zu uns nach Mannheim, um dort spielen zu können. Früher wollte ich gerne ins Dorf ziehen, aber mittlerweile finde ich die Stadt besser. Ich kann alles, wo ich hin will, wie Spielplatz, Sporthalle oder Schule, zu Fuß oder mit dem Fahrrad erreichen.

Aber Mannheim hat auch nicht so gute Sachen. Mannheim bräuchte ein kinderfreundliches Hallenbad, das sauber und nicht heruntergekommen ausschaut. Ich muss extra über die Rheinbrücke mit dem Auto fahren um in ein schönes Schwimmbad zu kommen. Wenn ich Oberbürgermeister wäre, würde ich es in die Mitte von Mannheim bauen, dass es jeder erreichen kann.

Und da gibt es noch meinen Spielplatz, den Clignetspielplatz. Dieser Spielplatz wurde mit Mühe wieder aufgebaut und sogar mit Hand eine lange Schlange gebaut. Der Spielplatz sieht aber leider nach kurzer Zeit

Leo

wieder heruntergekommen aus. Ich weiß, dass die Kinder selbst daran schuld sind. Als Oberbürgermeister würde ich öfters Kontrollen auf die schönsten Spielplätze fahren lassen und größere Mülleimer auf allen Spielplätzen aufstellen. Die Kontrollen sollen dann den Kindern auch erklären, wie man mit dem Spielplatz umgeht.

Wenn ich könnte wie ich wollte, würde ich die Ampeln immer grün stellen, wenn ich komme und am Wochenende die Autos von der Straße nehmen, damit die Kinder auf der Straße spielen können. Aber dafür müsste ich Oberbürgermeister werden und wenn ich es wäre würde ich einmal im Jahr eine Kinderratssitzung im Stadthaus einführen. Da können dann die Kinder ihre Wünsche und Vorschläge dem Oberbürgermeister vorbringen.

Und dann soll es noch ein Tag der Kinder in Mannheim geben. An diesem Tag ist auf jeden Fall schulfrei und es werden viele Kinderstände mit Bastelangeboten und Kinderflohmärkte angeboten in der ganzen Stadt. Eine große Bühne wird am Wasserturm stehen, um Musik und Tanz von oder für Kinder aufzuführen.

Als Oberbürgermeister würde ich eine kostenlose Kinderzeitung der Stadt Mannheim einführen. Die Kinder dürfen in diese Zeitung ihre Wünsche, Ideen und Geschichten reinschreiben. Die Mannheimer Kinderzeitung wird jeder Familie mit Kindern in den Briefkasten geworfen.

Nun muss ich mich aber anstrengen, damit ich Oberbürgermeister werde ...

Leo

Meike

Meike entwickelt nicht nur zur Architektur einer Großstadt ausgefallene Ideen.

Meike

In die Zukunft geschaut

Wenn ich Oberbürgermeister wär' ...

... dann würde ich dafür sorgen, dass es mehr **Spielstraßen** gibt, damit die Kinder sicher auf der Straße Kreide malen, Fußball und andere Sachen spielen können, ohne überfahren zu werden. Natürlich müsste dann auch besser kontrolliert werden, wer zu schnell fährt, denn die meisten beachten die Schrittgeschwindigkeit gar nicht.

... dann würde ich die Stadt Mannheim **nicht so zubauen** lassen. Es wäre viel schöner, wenn man die Häuser etwas lockerer baut. In Hockenheim, wo ich wohne, ist es in diesem Punkt schöner, da höchstens 3 Häuser nebeneinander stehen und überall Kieswege, Blumen, Rasenflächen oder Hecken dazwischen stehen. Dann sieht das Ganze viel aufgelockerter und gemütlicher aus. Auf den Rasenflächen kann man außerdem auch prima Fußball spielen und andere tolle Sachen machen. Doch leider werden sie oft als Hundeklo missbraucht. In diesem Punkt ist die Stadt selber daran schuld, denn sie könnten einfach bessere Kontrollen durchführen und höhere Strafen für die Hundebesitzer aussetzen.

... dann würde ich die **Häuser** in Mannheim **interessanter** bauen lassen. Denn jeden Morgen, wenn ich mit dem Zug zur Schule nach Mannheim fahre, dann fällt mir auf, dass die Häuser alle weiß, grau oder dunkel sind und auch alle viel zu hoch. Jedes Haus könnte eine andere bunte **Farbe** haben. Das macht einen gleich viel fröhlicher. Auch die Formen der Häuser könnten alle unterschiedlich sein. Es könnte **runde** Häuser geben, **eckige**, **dreieckige** oder auch ein Haus, wie wir es jetzt haben und obendrauf noch eines versetzt. Auch die Dächer könnten lustiger gestaltet werden. Man könnte z.B. mit den Ziegelsteinen Muster legen oder das Dach nicht spitz aufeinander treffen lassen, sondern vielleicht gewölbt. Dann wäre das Ganze viel lustiger und interessanter und kein Haus würde dem anderen gleichen. Außerdem würden kleinere Kinder ihre

Meike

Häuser so auch leichter wiederfinden, denn jedes Haus würde unterschiedlich aussehen und das wäre leichter zu merken.

... dann würde ich alle Autos der Stadt Mannheim zu **Solarautos** umbauen lassen. Denn jeden Tag wird durch die vielen Autoschadstoffe ein Teil unserer Umwelt zerstört und in der Natur liegt unsere Zukunft!!!

... dann würde ich die Kinder schnell daran gewöhnen, ohne **Schimpfwörter** und **Gewalt** zu leben. Zum Beispiel, indem es spezielle Kurse gibt, in die alle Kinder wöchentlich kommen müssen, bei denen erklärt wird, dass Schimpfwörter und Gewalt überhaupt nichts bringen. Auch in der Schule sollte es für so etwas härtere Strafen geben, damit man es gleich von Anfang an lernt. Denn wie soll es Frieden auf der Welt geben, wenn das noch nicht einmal die Kinder beherrschen?!

... dann würde ich mit Bürgermeistern von anderen Städten **gemeinsam** besprechen, was man alles besser machen könnte, damit ich mir auch noch ein paar Ideen holen kann.

Meine Zukunftsträume

Ich fände es besser, wenn in der Zukunft die Häuser auf dicken **Stützbalken** stehen würden, ungefähr 5 Meter über der Erde. Das wäre besser, damit es wieder ein bisschen mehr Natur gibt. Außerdem könnten dann auch wieder wilde Tiere rumlaufen, ohne dass die Menschen vor ihnen Angst haben müssen. Es können ja von Haus zu Haus Hängebrücken führen, damit man sich gegenseitig besuchen kann.

Anstatt Straßen könnten dann Brücken gebaut werden, damit man schneller vorankommt. Wenn die Menschen damit nicht einverstanden wären, dann sollte es wenigstens große Wälder geben, die kein Mensch betreten darf, damit die Tiere und Pflanzen darin in Ruhe leben können. Prima wäre, wenn es eine Art „Computer" gäbe, mit dem man in die **Zukunft** schauen kann. Dann könnte man z.B. in der Schule sehen, was in der Mathe-Arbeit dran kommt und extra dafür lernen. Man könnte

Meike

auch schauen, wie das Wetter morgen wird. Die Meteorologen hätten dann weniger zu tun und man könnte schon genau festlegen, welche Kleidung man in den Sommerurlaub im nächsten Jahr mitnehmen müsste. Außerdem könnte man dann schon Wochen vorausplanen, wenn z.b. ein Vulkan ausbrechen wird und die Leute in Sicherheit bringen. Damit würde man vielen Menschen das Leben retten.

Es wäre gut, wenn es in jeder Schule einen **Swimming-Pool** geben würde. Dann könnte man, wenn es heiß ist, in den großen Pausen sich einfach mal eine Abkühlung im Wasser holen. Man könnte sich danach wieder viel besser konzentrieren. Dieser Punkt ist mir eingefallen, da es in meiner Schule, dem Johann-Sebastian-Bach-Gymnasium in Mannheim, kein Hitzefrei gibt und man sich nachmittags gar nicht mehr richtig wegen der Hitze konzentrieren kann. Trotzdem gehe ich gerne auf meine Schule und nehme den langen Schulweg mit dem Zug auf mich. Wir haben nämlich entschieden, dass diese Schule besser zu mir passt, da sie ein musikalisches Profil hat und ich schon lange und gerne Cello spiele. Deshalb wäre aber auch noch mein Wunsch, dass Musikschulen und Orchester auch in Zukunft von der Stadt unterstützt werden, damit mehr Kinder die Chance haben, ein Instrument zu erlernen.

Wäre es nicht möglich, so etwas wie einen **Kinderoberbürgermeister** und einen **Kindergemeinderat** zu erfinden? Ich finde es ungerecht, dass immer nur die Erwachsenen bestimmen dürfen. Der Kinderoberbürgermeister würde dann mit dem Kindergemeinderat gemeinsam über Fragen und Probleme der Kinder sprechen und Lösungen dafür suchen. Dann würde er mit dem erwachsenen Oberbürgermeister darüber diskutieren und sich somit für die Kinder der Stadt einsetzen.

Meike, 11 Jahre

Daria

Etwas sehr Wichtiges: die Schulen

Mannheim ist, na ja, eine einigermaßen schöne Stadt. Doch so wie sie ist, nicht schön genug. Wenn ich Oberbürgermeister wäre, gäbe es viel mehr Grünanlagen. Weinberge gäbe es und einen Golfplatz, der riesengroß wär'. Die Straßen wären glatt und ohne Schlaglöcher. Schöne, kleine Mehrfamilien- und Einfamilienhäuser in allen Farben. Und an Sonntagen dürften morgens und abends keine Autos fahren. Nur mittags. Es gäbe höchstens nur eine Mauer in der Stadt, sonst nur kleine Zäune.

Und nun kommt etwas sehr Wichtiges: die Schulen. Die Schulen wären größer, sauber und die Dächer wären dicht. Es gäbe viel größere Schulhöfe, alle mit einem Sport- und Fußballplatz für Jungs und Mädchen. Die Turnhallen der Schulen wären größer und es würde kein Staub herumfliegen oder auf dem Boden liegen. Bei allen Schulen gäbe es einen großen Schulgarten, in dem sich jedes Kind etwas einpflanzen könnte.

Die Kindergärten wären so groß wie ein Einfamilienhaus und hätten ein extra Bastelzimmer. Jedes Kind würde ein Frühstück und ein Mittagessen bekommen. Und sie wären in Gruppen nach Größe und Alter aufgeteilt.

Die Leute müssten weniger Steuern bezahlen und hätten alle eine Arbeit, denn es wäre verboten, Firmen in andere Länder zu verlegen. Jeder hätte sein eigenes kleines Obst- und Gemüsefeld. Alles wäre billiger, und es gäbe Baumärkte, Obst- und Gemüseläden, Spielwarenläden, Zeitschriftenläden, Kleiderläden, Tierläden und vieles mehr. Jeder würde seine Briefe morgens in einen großen, nagelneuen und hübschen Briefkasten vor der Tür bekommen.

Ja, dann wäre Mannheim perfekt!!!

Daria, 10 Jahre

Helena

Sonniges Mannheim

„Mannheim soll schöner und bunter werden!
Mannheim soll auf der Sonne sein!"

Helena, 9 Jahre

Nachwort

Richtig oder falsch? Eine Art Nachwort

Es liegt mir daran, dass kein Leser des Buches befremdet ist, weil offensichtliche Rechtschreibfehler nicht ausgemerzt wurden. „Die Kinder müssen doch richtig Deutsch lernen", wird mancher denken. Gewiß doch. Aber alles zu seiner Zeit und am rechten Ort.

Wenn ich meinen Kindern im Hort die Deutsch-Hausaufgaben nachschaue, frage ich sie meist zuerst danach, was denn ihre Aufgabe war. Es geht meines Erachtens nicht an, dass sich beim Verwenden von Sprache alles bloß um „Recht"schreibung dreht. Orthografie in allen Ehren, aber wichtig ist, dass ein Mensch gelernt hat, sich mit der Sprache auszudrücken. Regeln sind - wie überall im Leben - nicht dazu da, blind befolgt zu werden, sondern dem Leben zu helfen, sich zu entfalten. Die Kinder lernen die Regeln der Sprache also nicht, damit sie möglichst wenige „Fehler" machen, sondern damit sie fit sind, die Sprache souverän als Ausdrucksmittel zu benutzen.

Es wäre kleinlich, mit einem Kind Rechtschreibfehler zu diskutieren, wenn es einen selbständigen Text mit einem ernsthaften Inhalt geschrieben hat. Ein Erwachsener, der das tut, hätte meines Erachtens das Urteil „Thema verfehlt" verdient, und welche Note wir in der Schule dafür bekamen, wissen wir alle. Darum bin ich beim Überarbeiten der Texte nach dem Prinzip vorgegangen, möglichst wenig zu verändern. Eliminiert habe ich nach Möglichkeit nur solche Rechtschreibfehler, die - nun, sagen wir: die auch einem Erwachsenen hätten passieren können, und die das Lesen und Verstehen beeinträchtigen würden.

Wenn ein Kind „rund um an Marktplatz viele Bäume anpflanzen" will, beeinträchtigt das weder das Lesen noch das Verstehen dessen, was gemeint ist; vielleicht fördert es das eher noch. Wen die Orthografie- und Ausdrucks-„Fehler" dennoch stören, der sollte mal einen Tag lang lesen, was so an Texten in einem Pressebüro oder in einer Zeitungsredaktion eingeht. Diese Texte sind von Erwachsenen, ja oft von Journalisten, also

Nachwort

Fachleuten der richtigen Schreiberei, verfasst und lassen einem Menschen, der die Sprache liebt, nicht selten die Haare zu Berge stehen.

Mir war es bei den Einsendungen der kleineren und größeren Kinder um ihre Ideen und Träume zu tun, verbunden mit eigenständiger Auseinandersetzung mit dem, was die Kinder in ihrem Lebensumfeld vorfinden. Einigen war und ist abzuspüren, dass Erwachsene im Hintergrund mitgeholfen haben, Themen zu finden; das war vermutlich nicht zu vermeiden. Aber selbst beim Lesen dieser Texte ist zu merken, welche Ideen vom Kind selbst stammen, und es bereitet Freude, das zu lesen.

Noch etwas, mehr gedacht für freundliche Leser, die vielleicht nicht so mit der Denke von Kindern vertraut sind. Kinder drücken sich nicht so stringent aus wie Erwachsene, es gibt Gedankensprünge und Auslassungen. Das Kind hat seinen Gedanken zu Ende gedacht, aber die Hand kam beim Schreiben nicht ganz mit dem Kopf mit. Auf diese Weise entsteht ein Satz wie folgender: „Ich würde dafür sorgen, dass die Abgase der Autos, die Bevölkerung belasten." Es würde mich freuen, wenn die meisten Leser spontan sagen, es sei doch klar, dass das Kind etwas gegen die Belastung der Bevölkerung mit Abgasen tun will. Ich finde jedenfalls, dass das klar ist, möchte aber sicher sein, dass meine kleinen Koautoren, die mir mit ihren Beiträgen ans Herz gewachsen sind, auf keinen Fall falsch verstanden und deshalb belächelt werden. Also, sagen wir so: Man darf gerne lächeln, denn das Kind hat da etwas sehr originell ausgedrückt. Aber bitte nicht be-lächeln! Das gilt auch beim mutigen Gebrauch etwa des Fremdwortes ormass (en masse), in den bewusst nicht eingegriffen wurde (Seite 33).

Noch eine Anmerkung zum Inhalt mancher Beiträge: Immer wieder kam es vor, dass Einsender sich Dinge wünschten, die es in Mannheim längst gibt. Das mag verschiedene Ursachen haben. So könnte es sein, dass manche Kinder ihre Stadt nicht kennen, etwa noch nie im Luisenpark waren. Ich habe Familien erlebt, in denen der Papa den Kindern einen Schein in die Hand drückte und sie zum Abendbrot ins nächste Fastfood-Restaurant schickte. Wenn man sich aber nicht einmal zum Abendbrot um den Familientisch versammelt, liegt es nahe, dass man vielleicht

Nachwort

auch noch nie einen gemeinsamen Ausflug in den Stadtpark gemacht hat. Ein zarter Hinweis auf die Not mancher Familien, die ganz besonders die Not der Kinder ist.

Den Texten der Kinder spürt man im Übrigen ab, dass sie natürlich keine Recherchen betrieben haben, um ihren Beitrag zu verfassen. Wenn ein 12-Jähriger schreibt, dass er die Schuluniformen „abschaffen" würde, bedeutet das sicher nicht, dass die an seiner Schule bereits eingeführt sind. Eher steckt dahinter, dass er von der Diskussion darüber Wind bekommen und sich seine eigenen Gedanken darüber gemacht hat. In solchen Fällen blieb das Wort „abschaffen" trotzdem im Text stehen und wurde nicht abgeändert zum sachlich zutreffenderen Wort „verhindern".

Richtig oder falsch? Einem Kind, das im Garten ein Blumenbeet anlegt, muss ich nicht die schief geratene Furche nachziehen; eine gesunde Pflanze kann auch in einer krummen Furche wachsen. Eher sehe ich meine Aufgabe darin, das Ergebnis der kindlichen Arbeit und die Einstellung dahinter gebührend zu würdigen. In solchem Sinne mag dies Buch eine dekorative Vase sein, in dem die Blumen kindlicher Denkkraft, Fantasie und Gestaltungsfreude auf dem Wohnzimmertisch vieler Mannheimer (und Nicht-Mannheimer) ihren Platz finden - vielleicht auch auf dem Tisch des scheidenden und dem des zukünftigen Oberbürgermeisters unserer schönen Stadt.

Johannes Paesler, im Oktober 2006

Johannes Paesler
Autor

Johannes Paesler ist Pädagoge, freier Journalist und vielseitiger Autor. Er zog 1981 nach Mannheim und lebt seit 1996 in der Neckarstadt, dem in seinen Augen vielfältigsten und interessantesten Stadtteil. Die Erfahrungen, in unterschiedlichen Tätigkeiten über Leben und Menschen gesammelt, fließen mit genauer Beobachtungsgabe in seine Texte ein. Als staatlich geprüfter Erzieher arbeitet er in Teilzeit seit über zehn Jahren in einem Kinderhort. Er schreibt für verschiedene Zeitungen im Rhein-Neckar-Dreieck und ist als Pressereferent für Vereine und Unternehmen tätig. Unter dem Pseudonym *Jan Pas* hat er Lyrik in verschiedenen Anthologien veröffentlicht.

Thommy Mardo
Fotograf

Thommy Mardo arbeitet als Fotograf in Mannheim. Er wurde 1972 in Mannheim geboren, von wo es ihn nie weggezogen hat. Hier fühlt er sich sehr wohl. Als Haus- und Hoffotograf der "Söhne Mannheims" hat er Ende 2005 gemeinsam mit diesen einen Bildband herausgebracht, aber auch sonst ist der Fotograf viel in Musikerkreisen unterwegs. Neben der Musikfotografie fühlt er sich besonders zu Modeaufnahmen und künstlerischen Porträts von Menschen hingezogen und fotografiert für national und international bekannte Kunden.

Aktuelle Informationen zu den Autoren und ihren Projekten im Wellhöfer Verlag finden Sie unter www.wellhoefer-verlag.de.